常读鲁迅

姜德明 著

人民日报出版社

二三、鲁迅之剪报

一九三一年三月十四日《上海导报》纪念版刊载：我报保存鲁迅先生剪报集，先生于一九二八—一九三三年间从上海出版的《申报》《新闻报》《时事新报》及《大晚报》等文艺副刊上剪下来的，内容大都是国内党友沙汶根进行文化界斗争的消息报道和设击鲁迅先生与其友好的文章。这些《抄录先生报》与剪人计等而写作的依据。剪报上除有先生亲笔所写报纸名称和日期外，别无批注。

二十世纪六十年代初，
本书作者笔录有关鲁迅的史料。

常读鲁迅（代序）

作家孙犁是一位爱书人。一九四九年初，他落户天津，工余喜欢到旧城北门外的冷摊上搜寻旧书。他热爱鲁迅的作品，访书目光总不忘参考《鲁迅日记》中先生的购书账。"文革"中孙犁家被抄，藏书尽被掠去。后来发还部分，当时唯一的抗议举动，只能是四处寻找素纸包装书皮，有感而发，信笔写下一部异常精粹的《书衣文录》。一九七三年底，他重见少年时代买的鲁迅著《中国小说史略》，曾经感慨地写道：

"此书系我在保定上中学时，于天华市场（也叫马号）小书铺购买，为我购书之始。时负笈求学，节衣缩食，以增知识。对书籍爱护备至，不忍其有一点污损。此书历数十年之动荡，仍在手下，今余老矣，特珍视之。凡书物与人生等，聚散无常，或屡收屡散。得之艰不免失之易；得之易更无怪失之易也。此是童年旧物，可助回忆，且为寒斋群书之最长者。"

这是孙犁十四岁时买的第一本书，恰是鲁迅的著作，从此他即沉醉在鲁迅的书中。研究孙犁，脱离不开鲁迅先生对他的深刻影响。

一九八〇年七月十七日下午,我往访前辈叶圣陶先生。谈话间涉及上海开明书店,我说抗战胜利后,我在天津读高中,买了开明书店新出版的夏衍、吴祖光的剧本,不知是否叶老经手?叶老说,这两套系列丛书,从审稿到写书的广告,都是老同事徐调孚先生一人经办的。叶老不忘旧情,又讲了两人交往中的另一段往事。

一九三八年,《鲁迅全集》在上海出版,全部精装,共二十巨册。叶老渴望读这部书。那时叶老已逃难到四川乐山教书,远隔万水千山,交通很不方便,又当战火纷飞,种种困难可以预想。但老人对鲁迅作品的热情不减,到底还是向老友提出了要求。徐先生考虑到战时邮寄的艰险,打包时只寄出了全集的前七册,其中已包括了鲁迅的小说和杂文等全部创作,翻译和古籍整理部分只好暂缺。想不到在烽火连天中,邮件终于到了乐山。叶老告诉我,当年他曾在《乐山通信》中讲了老友的这一义举。从叶府归来,我就找出了徐调孚先生于一九三九年在上海孤岛时期主编的《文学集林》创刊号《山程》,读了《乐山通信》,叶老是这样写的:

"告兄一可喜事,兄托广州寄出的《鲁迅全集》七册居然到矣,且未损坏,计其在中途时,历半年有余,邮局总莫负责,深为感谢。川中有是集者,殆不甚多,而弟书架上居然有之,足以自豪矣。学

生来借此书者颇多。"

历史证明,鲁迅的思想并未过时,他的作品将永远与我们同在。我好像已经看到了当时的青年学子们,正紧抱鲁迅的书,愉快地走出了叶老的家门。战火中师生共读鲁迅的场景,当是鲁迅作品传播史上美丽的一页。至于邮程竟用了半年多始达,也算邮政史上一段佳话也。

2015 年 12 月

目 录

常读鲁迅（代序）	7
《野草》忆往	15
鲁迅的室名	19
两把短刀	22
鲁迅的情趣	27
鲁迅的幽默感	29
鲁迅与猫头鹰	31
鲁迅拟写的"穷"	39
《女人与面包》	41
《一件小事》以外	46
鲁迅初到广州	51
鲁迅与钱玄同	53
"无日不处忧患中"	
——章太炎、鲁迅在北京	94

"我的老同事"
——鲁迅与齐寿山　　　　　105

鲁迅与沈兼士　　　　　115

鲁迅与马珏　　　　　127

"可怕"的母爱
——鲁迅拟写的一篇文章　　　129

鲁迅与《西游日记》　　　149

《蹇安五记》　　　　　154

鲁迅与淑姿女士的《信》　　158

盲诗人的《枯叶杂记》　　163

陶元庆之死　　　　　169

鲁迅与宫白羽　　　　173

鲁迅与萧红　　　　　176

《手》的英译本　　　　225

初见呼兰河　　　　　227

萧军的《侧面》	**236**
炮火中的鲁迅先生	**240**
徐懋庸注《阿Q正传》	**253**
斯诺译《祝福》	**257**
闪光的铜板	**258**
鲁迅见到了休士	**261**
鲁迅与《城与年》之图	**265**
鲁迅与梅斐尔德的《你的姊妹》	**271**

孙福熙设计的《野草》封面。

《野草》忆往

我没有专门收藏过鲁迅作品的初版本,只想有了一部《鲁迅全集》便很满足了。因此,这也证明我从来不是什么藏书家。其实在那旧书易得的年月里,你若想在冷摊上多流连一会儿,总可以找到几本毛边的鲁迅作品初版本,凑成全套也不是没有希望。

寒斋到底也藏有几本鲁迅先生著作的初版本,且是有意搜访来的,如《野草》便是。说起来不是有点矛盾了吗?我也是难逃天下爱书人的通病,出于一种藏书的趣味而已。《野草》一九二七年七月由北新书局初版,封面是鲁迅的朋友孙福熙画的,书名为鲁迅所书,作者署名"鲁迅先生著"是编者加的。鲁迅提出改正,到一九二八年一月发行第三版时删去了署名后的"先生"二字。若讲趣味,藏有这两种版本才好比较。为此我又收藏了一本封面署名无"先生"二字的《野草》第十版,那是一九三三年三月出版的。鲁迅生前,《野草》一共印行了十一版。当然,这不包括前后各地印的盗版本和正式翻印本。

我所以要收藏六版后的《野草》,不仅因为封面不同,还涉及现代文学史上的一段掌故。本来从《野草》初版到第六版,书中都收有《题辞》;从一九三一年七月的第七版起,《题辞》却被当局强行删去。鲁迅先生的一段题辞竟如此让统治者害怕,保存一本没有《题辞》的《野草》,也是给国民党摧残进步文化留下一点实证。如果说这也算玩版本的话,我以为这是无可厚非的。有些历史陈迹和细节,我们不应该忘记和忽略,否则变成了给恶人留情,有意无意地掩盖了对手的劣迹。这种健忘和宽容是要不得的。

我收藏《野草》,还出于它可以引起我少年时代的一段联想,同时这也是我平生得到过的鲁迅的第一本书。那年我十二岁吧,还是个小学生,根本不懂鲁迅,何况又是不易理解的带有哲理性的散文诗《野草》。

我家在天津开纸店,父亲租用了临街一家大客栈的几间门面。店内后门可通客栈内的三套大院。那里住有长期包房的南来客商,也有东西南北的散客。账房设在大门洞里,来打电话的人川流不息,卖吃食的小贩也在这儿兜揽生意。我常爱坐在门洞内那条又宽又长的大木凳上,听客栈伙友们跟小贩聊天,听房客们的南腔北调。这儿成了我最初认识人生百相的小天地,是我少年生活里的一段梦境。

就在那儿,我认识了一位常来常往的穿西装的青年旅客。他是在唐山市开照相馆的。有一次,他坐在我旁边等着打电话,一边在看一本小书。我好奇地问他是什么书,他翻过书皮让我看:淡灰色的云天,高远而荒凉,地上只有几条绿色的装饰,那就是鲁迅的《野草》。后来我才知道,这是一九四一年上海鲁迅全集出版社出版的"鲁迅三十年集"之一,从此又恢复了被删去的《题辞》。

他去打电话,顺手把书交给我。我翻看了两页,不怎么懂,只记住了作者在讲:"我将大笑,我将歌唱。"我还他书的时候说:"看不懂。"他笑着回答:"小兄弟,你长大就会懂了。"我那时正迷恋宫白羽的武侠小说,跟他说了,他没有讲什么。几天后,他要回唐山了,便把那本我看不懂的《野草》留给了我。

过了两年,我上了中学,尽管那时是在日伪统治下,课本里也收了鲁迅、叶圣陶、冰心、巴金的课文。鲁迅的《秋夜》,即《野草》中那"墙外有两株树,一株是枣树,还有一株也是枣树"的名篇亦在其中。这魅人的意境和奇特的句式不知吸引了多少好奇的少年,我也开始喜欢鲁迅了。可惜我生性迟钝,拿起《野草》,似乎只有《风筝》等少数几篇有兴味,有的还是看不懂。直到我读高中和大学的年代,那正是社会大动荡,人民即将胜利的前夕,我才知道鲁迅的书多么可贵,鲁迅的人格多么伟大。那时学校里的情况并不单纯,我有一种朴素的直觉,凡是手不释卷地在读鲁迅的同学,我从感情上便接近他们,引为可以信赖的知己。愈是风云激变的时代读鲁迅书的人亦愈多。这时候我常会想起送我《野草》的那位西装青年。他早已失去了踪迹。一个开店的商人,为什么也那么喜欢鲁迅?为什么他的生意那么好,时常要来天津办货?办的又是些什么货,为什么……真是愈想愈神秘了,莫非他隐蔽了自己的真正身份!

那时候人们正期待着天地的巨变,鲁迅写于"四一二"大屠杀之后的《野草·题辞》时常响在我的耳边:"地火在地下运行,奔突,熔岩一旦喷出,将烧尽一切野草,以及乔木,于是并且无可朽腐。"可惜我最初得到的那本《野草》早已失落,它最初的主人更无任何消息。

我永远感谢那西装青年对我的热情馈赠,我要永远保存好自藏的这两本《野草》。一见到这书我便会想起他对一个少年的信任和期待。如今我真正读懂了《野草》吗……我不是应该对那赠书人有所交代才好吗!

1998 年 5 月

鲁迅的室名

室名堂号之类，是文人们一向所喜欢用的。"五四"以后，此风不衰，现代文学史上便留下一些为世人熟知的名号。比如俞平伯的"古槐书屋"，沈尹默的"秋明室"，丰子恺的"缘缘堂"，叶圣陶的"未厌居"，胡适的"藏晖室"，周作人的"苦雨斋"，等等。讲起这些室名来总会有一点来龙去脉，未必同作家的思想完全无关。

鲁迅用过室名堂号没有？回答是肯定的，但是不经常用就是了。

鲁迅曾经请画家陈师曾刻过一块图章"俟堂"，自称是受了陈师曾"槐堂"的启示。而许寿裳却告诉我们，这名号有讽刺教育部当局的意思，因为某长官想排挤鲁迅，他则表示"君子居易以俟命"，且看上司怎样动作吧。他还把搜集来的拓片编成一册《俟堂专文杂集》。这说明，鲁迅不单纯是为了风雅而用名号的。

一九二四年五月，鲁迅迁居阜成门内西三条胡同。他在一九二五年四月七日写完《一个"罪犯"的自述》之后，书明："附记于没有雅号的屋子里。"这里透露了他想到了室名的事。果然，过了二十天，在四月二十七日他写完《来信》之后，便标明："于灰棚。"所谓"灰棚"即指"老虎尾巴"，因为这种灰棚平顶，盖起来要比正式房屋节省一半的钱。"灰棚"只能显示平民生活的俭朴,似乎还不含寓更深的意思,也不能说是室名。到了这一年的年底,鲁迅编完《华盖集》写《题记》的时候正式用了"绿林书屋"。他是这样写的:"记于绿林书屋东壁下。"一九二六年校毕本书时又说:"仍在绿林书屋之东壁下。"

这个室名具有很强烈的讽刺性,因为鲁迅支持学生运动,开罪了"正人君子"们,为此得了"学匪"的称号。鲁迅以为这诨号藏有杀机和"可死之道"。"学匪"住的屋子,当然是强盗的所在,故名"绿林书屋"。在《两地书》中,鲁迅戏谑地说过,逼得紧了真的要去当"土匪"了!不过鲁迅又说:"有官以为'匪'而其实是真的国民,有官以为'民'而其实是衙役和马弁。"统治者和人民对"匪"的概念理解向来是不一致的。

到了上海以后,鲁迅往往在文尾写着"记于闸北寓楼""记于沪北小阁",似乎还说不上是室名。但是,一旦用了"记于上海之桌面书斋""记于上海之且介亭"便大有讲究了。桌面之大竟可以成为书斋真是小矣哉!我以为从读者眼中看来,正是既小又大;桌面是小的,从这里发出的议论,其意义却大得很哩。至于"且介亭"还用来作为书名,如《且介亭杂文》便是。"且介"为"租界"之半,"亭"乃亭子间,鲁迅所居之大陆新村正是帝国主义越出租界之筑路区域，近于半租界。在这以前，鲁迅在《〈北欧文学的原理〉译者识》末尾用过"译者识于上海离租界一百多步之处"。这里含有讽刺之意，因为曾经有位文学家挖苦鲁迅住的离租界近是为了有危险时逃跑方便。可见有些对手也实在无聊，连鲁迅的住处都成了攻击的口实。鲁迅启用一些室名哪里有那么多闲情来风雅呵！

又如在《〈肥料〉译后记》的文末用"记于西湖之避暑吟诗堂"，这也是一种假托，反语而已。有的虽然未署室名，却也发人联想，如在《〈剪报一班〉拾遗》中写道："识于上海华界留声机戏和打牌声中的玻璃窗下绍酒坛后。"又如在《〈文艺与批评〉译者附记》中写道："一九二九年八月十六日之夜，鲁迅于上海的风雨，啼哭，歌笑声中记。"凡此都可以作为杂文内容的有机部分来看待，颇堪寻味。

总之，鲁迅的室名不是无谓的风雅，他在北京时以"绿林书屋"作为代表，在上海时则以"且介亭"为代表，都可传为千古美谈。鲁迅当然不是神，但鲁迅终归是鲁迅，他只是利用室名捎带着嘲笑了一下对手，不是比对方若有其事的攻击巧妙得多了吗？

1980 年 10 月

两把短刀

鲁迅先生住在北京"老虎尾巴"的时候,在他的卧榻底下藏有两把短刀。后来,这两把短刀被许广平强行"缴械"了。

一九七六年十月,日本朝日新闻社出版了一本《中日故迹纪行》,作者是东京大学教授、鲁迅研究专家竹内实。书内收有一篇《仙台与短刀——广濑川畔的鲁迅》。他判断有一把短刀是鲁迅在仙台的邻居——一位武士送给他的。竹内实先生在一九六八年还写过一篇《关于鲁迅的短刀》,并联想到秋瑾在日本曾经照过一张手持短刀的相片,猜想那把短刀可能是鲁迅借给秋瑾的。为此,他还专门访问了鲁迅在仙台的故居。那里原是仙台藩士族佐藤喜东洽氏的住宅,当年屋主人还照顾过鲁迅的生活。竹内实先生仔细地问过佐藤家的后人,都肯定老人有过不少刀剑,还曾将它们出售借以贴补生计,也曾赠送过朋友。因此竹内实以为鲁迅的短刀很可能是佐藤喜东洽氏所赠。

日本朋友如此重视追索鲁迅短刀的来历,想是作为中日人民友谊的一段史话来研究,这种精神令人可感。

关于这两把短刀的事,见于周建人《略讲关于鲁迅的事情》一书。书中说:"鲁迅有两把短刀,一把短些,两边有刃,作短剑形,装有黄漆的木头短柄,有黄漆木套,是在日本留学未久,因为觉得样子有趣买来的……一把长些……鲁迅说,这一把刀是日本一个老武士送给他的。"这位武士或许就是佐藤喜东洽。鲁迅把这两把短刀带回国内,又带到了北京。

当年孙伏园在"老虎尾巴"里做客,也曾经见到过鲁迅的短刀。他在《鲁迅先生二三事》一书中说:"鲁迅先生常常从书架上拿下那把匕首来当裁纸刀用。刀壳是木质的,壳外横封两道白色皮纸,象指环一般。据鲁迅先生解说,刀壳原为两片木头,只靠这两道皮纸的力量才封成整个的刀壳。至于为什么不用整片的木头,或用金属的钉子或圈子使刀壳更为坚固呢?鲁迅先生说,因为希望它不坚固,所以只用两道皮纸。有仇人相见,不及拔刀,只要带了刀壳刺去,刀壳自然分为两半飞开,任务就达成了。"

鲁迅跟孙伏园讲的这些话,也许还同别人说过,有好奇的人就传开了,竟有一个同乡散布鲁迅悲观厌世,想用刀自杀。

流言也传到了许广平的耳边,她似乎认起真来,于是"在某一天,我顽皮地搜索书架和床褥,果然发现两把刀。或者正确地说,是两把匕首。我实行'缴械'了,先生笑了笑也就完事。……'刀是防外来不测的,哪里是要自杀'。我把他同乡的话反问他,先生大笑起来……"(许广平:《欣慰的纪念》)

1949年4月上海作家书屋刊行，钱君匋设计封面。

在爱侣的眼中,这两把匕首已经成为可疑和多余之物,连鲁迅先生也未曾料到,这两把短刀竟成为许广平女士感情上的一种牵挂。一九二五年六月一日,许广平满怀深情地写信给鲁迅:

"褥子下明晃晃的小钢刀,用以克敌防身是妙的,倘用以……似乎……小鬼不乐闻了!"(《两地书》"小鬼"指许广平。)

第二天,鲁迅回信说:"短刀我的确有,但这不过为夜间防贼之用,而偶见者少见多怪,遂有'流言',皆不足信也。"当鲁迅先生被逼"缴械"的时候,心中该激荡起怎样一种温暖的感情呢?

来自日本的这两把短刀,竟构成鲁迅与许广平感情生活中的一段小插曲。但愿这两把短刀如今还完好地保存在鲁迅博物馆里。

许广平译《小彼得》,
鲁迅设计封面。

鲁迅的情趣

文物出版社默默地做了一件好事，《鲁迅手稿全集》（书信）已经出版了好几册。我从这些信稿中读到不少第一次公之于世的鲁迅的文字，犹如读先生的新作。仅此一点，编辑出版者就功不可没，更何况我们还欣赏了先生的书法，以及早已失传了的那些美丽典雅的信笺。

一九二九年五月，鲁迅南下后第一次北返探亲，他在北平给许广平写了不少信，业已收入《两地书》中。但鲁迅在编辑原信时有不少删改。这次影印了全信，实在重要，研究鲁迅著作的人，可以从中得到很多第一手材料。

试举一个小例，鲁迅原信称许广平为"乖姑"，或"小刺猬"和"小莲蓬"，但在书中这种情趣不见了，都改成 H·M，即"害马"。最有意思的是鲁迅原信的署名，大都画了一头可爱的小象。长长的鼻子高高地翘着，笔墨是准确而简练的，在《两地书》中也都删落了。鲁迅先生画过活无常，画过猫头鹰，现在，我们又得以欣赏他画的小白象了，怎不令人快慰！

说到"小刺猬"的来源，为时久矣。鲁迅还为许广平作过一幅漫画写照：一个小刺猬撑着伞在走路。那还是鲁迅住在阜成门内西三条的时候创作的。鲁迅同许广平都很喜爱这张画,可惜在他们从广州到上海的途中,被香港检查行李的人给弄丢了。鲁迅先生画小刺猬,一方面是写实,因为鲁迅的母亲在"老虎尾巴"后面的小园里养着一头小刺猬,许广平她们女学生来时,常常爱逗弄这个小肉球。一方面更含有深义,那是对许女士在女师大风潮中的勇敢表现给以热情的礼赞。在杨荫榆等学校当局和军阀政府看来,这个带头闹学潮的女学生,不正是浑身是刺的危险分子,一头"害群之马"吗!鲁迅这幅风趣的漫画寄托了对爱人的仰慕。

说到"小白象",我忽然想到鲁迅为海婴写的一首催眠曲。许广平在《鲁迅先生与海婴》中说,当他们生下"小小白象"以后,鲁迅有时也"值班"哄孩子。他把海婴抱在怀里,在小房间里来回走着,一边还低语吟唱:

小红,小象,小红象,小象红红,小象红;
小象,小红,小红象,小红,小象,小红红!

婴儿初生,肉带粉色,故称小红象。此情此景,生动地表现了鲁迅感情的深挚和富有情趣。他手捧婴儿,恰如一位慈母,让人又想起他的两句诗:"知否兴风狂啸者,回眸时看小於菟。"这种亲子之爱和夫妻之情,亦无损于一个战士的伟大。

鲁迅的幽默感

鲁迅先生并不是随时随地总是握紧拳头和横眉怒目的,这样的形象是前些年在极"左"思潮的影响下有人生造出来的。特别是有些绘画,总把鲁迅先生画得很严厉,或大声疾呼,或剑拔弩张,令人生畏。好像革命总要发怒,这是极其片面的。

其实鲁迅先生更有慈祥和蔼的一面,既然他乐于俯首作人民的老牛,他是很容易使人接近的。真是文如其人,我们在读他的文章时不是总感到很亲切,很自然吗?不是他也常常爱说笑话,让我们捧书莞尔吗?

在日常生活中,鲁迅先生也有幽默感。例如他不怎么爱剪头发,朋友们常同他开玩笑,鲁迅先生总是会心地接受并回报以幽默。当他在绍兴府中学堂任监学时,有的同事对他说:"豫才,你的两根头发怎么不去理一理?多么难看!"你猜鲁迅先生怎么回答?他直截了当地说:"噢!我出钞票,你们好看。"(张能耿:《鲁迅亲友谈鲁迅》)回答得快捷而锋利,虽然好笑,也还有道理。

后来他在广州中山大学做文学院长的时候,有的同事又发现鲁迅先生的头发蔚然可观了,便动员他到理发店去"开伐"一番,有好事者还劝他再买一个镜子,以备"课余"之用,好知道什么时候又该进理发铺了。鲁迅先生是怎么回答的呢？他很平静地说："……至于买镜子，更可大大不必。鼻子失掉了，自然会知道。脸上沾了污点，不过是外界的攻击，小心提防，自无外患。胡子粗长了，那是它自身的年纪的老大。"（《鲁迅先生轶事》）这当然也是幽默，而且富有哲理。有谁不乐于同这样有幽默感的人亲近呢？

鲁迅的幽默讲的似乎都是些大实话，然而又意趣隽永，余味无穷，是一种高级幽默。至于思想的敏捷，语言的形象，讽刺的犀利，处处显示了鲁迅的风格。幽默感可以反映一个人的智慧、风趣、敏锐和高度的文化修养，与庸俗的趣味完全是两码事。即以鲁迅关于理发的笑话来说吧，它的内容岂独幽默而已哉！

鲁迅与猫头鹰

一九二四年,鲁迅为讽刺当时文坛上流行的"阿呀阿唷,我要死了"之类的情诗而作"拟古的新打油诗"——《我的失恋》。

这首诗的发表,在我国现代报刊史上也是值得一记的事。因为发表之前,原稿曾被当时北京《晨报》代理总编辑无理抽下,经手的副刊编者孙伏园还因此愤而辞职,鲁迅先生便支持他进《京报》编副刊,后来又赞助他办《语丝》周刊。《我的失恋》终于在创刊不久的《语丝》第四期上发表了。所以由这首诗而引起的纠纷,确曾给人们留下了难忘的印象,同时也反映出当时的"正人君子"和"文人学者"们,对于鲁迅诗歌里发出来的嘲讽是多么害怕和无可奈何。

每逢读到这首诗,我都会感到它辛辣的讽刺力量,也很敬佩鲁迅想象力的丰富和比喻的不同凡俗。你看:

我的所爱在山腰;
想去寻她山太高,
低头无法泪沾袍。
爱人赠我百蝶巾,

回她什么:猫头鹰。
从此翻脸不理我,
不知何故兮使我心惊。

怎么会想到送给爱人猫头鹰呢?难道仅仅是为了煞风景和令人扫兴、难堪吗?当然,除了猫头鹰之外,回赠女朋友的还有吓人的赤练蛇和不三不四的发汗药、冰糖葫芦。难道鲁迅故意生造这些不伦不类的玩意儿,或是单纯为了追求古怪和奇特吗?

猫头鹰本名鸮,属鸟纲、鸱鸮科。它最特殊的地方是两眼不像别的鸟那样长在头部的两侧,而是位于正前方。其次是它昼伏夜出,只在黄昏或暗夜里活动,眼睛的锐利是其他鸟所不及的。

我国南北各地都有猫头鹰,但自古以来没有好名声。古时称猫头鹰为枭,说它是不孝之鸟。传说它生下之后要吃掉自己的母亲才外出觅食。《诗经》上也记载:"鸱鸮鸱鸮,既取我子,无毁我室。"这是通过一只受害的母鸟的口吻来谴责猫头鹰的凶残,意思是:猫头鹰呀猫头鹰,你已经把我心爱的孩子吃掉了,为什么还要拆毁我的巢居,非让我无家可归不可呢!

猫头鹰的叫声不怎么好听,只单调地发出"呜噜噜,呜噜噜"的声音,人们便形容它鸣声凄凉,闻之令人毛发悚然。因此,枭鸣又预兆着将要死人，连莎士比亚的悲剧里也把猫头鹰看作是报丧之鸟，象征着大不吉利。可见在外国也有这种迷信的看法。

鲁迅先生却很喜爱猫头鹰，他在文章里歌颂过它，在诗歌里吟唱过它，还亲自用画笔描绘过它。当然，鲁迅先生并不是从自然科学的角度来谈它，而是从社会学的角度以猫头鹰来自喻，认为它是给旧世界报丧的鸟。

许多鲁迅同时代的朋友曾经讲到鲁迅是喜爱猫头鹰的。

许寿裳在《我所认识的鲁迅》一书中谈到了《我的失恋》这首诗，也提及猫头鹰。他说，读者一见猫头鹰等等，也许只会"觉得有趣而已，殊不知猫头鹰本是他自己所钟爱的，……还是一本正经，没有什么做作"。许寿裳是鲁迅先生的老同学，他的话是可信的。但是，他并未向我们介绍鲁迅何以喜爱猫头鹰。

当时负责发表这首诗的孙伏园也谈到过这件事，他说："他（鲁迅）所爱好的东西，未必是人人所能了解。这一层鲁迅先生自己同我说过，如果别人以为'回她什么'以下的四样东西（猫头鹰、赤练蛇、发汗药、冰糖葫芦）有失'投我以木桃，报之以琼瑶'的意义，那是完全错误的，因为他实在欢喜这四样东西。"（《京副一周年》）孙伏园的话进一步证实了许寿裳的说法是有根据的。

当年同鲁迅比较接近的沈尹默也提供了一个重要线索，据他

鲁迅手绘的猫头鹰。

说:鲁迅"在大庭广众中,有时会凝然冷坐,不言不笑,衣冠又一向不甚修饰,毛发蓬蓬然,有人替他起了个绰号,叫猫头鹰。这个鸟和壁虎,鲁迅对于它们都不甚讨厌,实际上,毋宁说,还有点喜欢"。(《回忆伟大的鲁迅》)沈尹默提供了鲁迅有个绰号就叫猫头鹰,这是很重要的。但是,他只是从外形神采的相似来解释鲁迅绰号的来源。

鲁迅不止一次画过猫头鹰。北京图书馆藏有鲁迅于一九〇九年前后,在杭州两级师范学校教书时手书的一些笔记和抄本。其中有他手订的一个小本子。这个小本子宽十六厘米,长十一点五厘米,里面记有一些书名和一些人的地址,显然这是鲁迅日常备用的一本笔记。就在这小本子的封面右上角,鲁迅手绘了一只猫头鹰作为装饰。鲁迅先生笔下的这只猫头鹰一点也不令人生厌或使人害怕,相反的倒显得这小动物灵巧智慧,稚气可爱。

一九二七年鲁迅先生的杂文集《坟》出版了,他又自作了一幅封面画,最主要的装饰图案还是猫头鹰。这只猫头鹰画得古朴典雅,装饰意味更浓,很可能是从汉画像石刻中变化而来。这个封面作为《坟》的扉页曾经印于书中。

画中的猫头鹰站立在方框的右上角。它歪斜着头,一目圆睁,一目紧闭,好像正凝神注视着什么。两眼之上还有两撮耸立的羽毛,或许是耳朵；最下面的则是两只锋利的爪。

现在，人们都已经知道猫头鹰是一种益鸟了，知道它能在暗夜捕食田间害虫，即使听到猫头鹰的叫声也没有人再认为是灾祸将临，大不吉祥了。但是，在旧社会，对于那些一心想享受荣华富贵的大人先生们来说，却是最忌讳这种鸟的，一闻其声就不惬意，就要诅咒这不吉利的凶鸟。

鲁迅对于旧社会是一个彻底的叛逆者，他鄙弃一切传统的封建道德，对很多事物常常一反常规地有着独特大胆的见解，甚至还被人诬为大逆不道。鲁迅一生的战斗经历，他的言论和行动，正是给那些妄图永远保存旧制度的剥削阶级，以及他们所豢养的奴才们增加烦恼和带来恐惧的。一切统治阶级所不愿做，不愿看，不愿听，不想让人民大众所明了的事，鲁迅先生偏偏要大声疾呼，偏要戳破他们的假面，把真理的声音传播给人民大众。恰如被诬为不吉利的猫头鹰一样，鲁迅这名字和文章，对于反动统治阶级来说都会使他们感到恐惧，也意味着一种灾难。鲁迅说："我有时决不想在言论界求得胜利，因为我的言论有时是枭鸣，报告着大不吉利事，我的言中，是大家会有不幸的。"（《且介亭杂文二集·序言》）

在这里，鲁迅不就是以猫头鹰来自喻吗？

鲁迅说："人们对于夜里出来的动物，总不免有些讨厌他，大约因为他偏不睡觉，和自己的习惯不同，而且在昏夜的沉睡或'微行'中，怕他会窥见什么秘密吧。"（《准风月谈·谈蝙蝠》）鲁迅教育人们，不要畏惧黑暗，不要掩藏黑暗，告诫人们不要只"欢迎喜鹊，憎恶枭鸟"，不要"只捡一点吉祥之兆来陶醉自己"。在《夜颂》里，鲁迅更歌颂了那些在黑暗的包围中却能为光明的理想而奋斗的革命者："爱夜的人要有听夜的耳朵和看夜的眼睛，自在暗中，看一切暗。"看来，鲁迅的朋友们为鲁迅起的绰号"猫头鹰"并非毫无意义，似乎连鲁迅本人也不曾反对过这个称呼。

鲁迅说过，他不希罕娇嫩鸟雀的那些令人怜爱、使人陶醉的鸣唱，却热烈地期待着"只要一叫而人们大抵震悚的怪鸱的真正的恶声！"鲁迅决不给旧世界唱赞歌，却把自己比作枭鸟怪鸱，他的笔只能向剥削阶级报告着大不吉利的消息。

在《坟·题记》中，鲁迅写道："天下不舒服的人们多着，而有些人们却一心一意在造专给自己舒服的世界。这是不能如此便宜的，也给他们放一点可恶的东西在眼前，使他有时小不舒服，知道原来自己的世界也不容易十分美满。……要在他的好世界上多留一些缺陷。"

"要在他的好世界上多留一些缺陷"，这是鲁迅对旧世界毫不妥协的战斗立场，是他对旧世界疾恶如仇的一种鲜明的爱憎。鲁迅的言论正是给反动统治阶级的"好世界"敲响了丧钟。

鲁迅在茫茫的暗夜里英勇无畏地战斗着,他使反动阶级感到恐慌和不安,但是对于人民来说却是真正的吉祥之音,是对人民无限忠诚的歌者。他的"恶声"是为黎明催生,预告着黑暗将逝,欢呼着新世界的到来。

想到这里,再读《我的失恋》,我似乎明白了鲁迅为什么非要在诗里送给那女朋友猫头鹰不可了。鲁迅在诗歌里所寄托的爱憎有多么鲜明啊。"从此翻脸不理我",当时有谁能够理解鲁迅赠物的分量呢?鲁迅存心要给"正人君子"们制造一点不舒服,给御用的文人学者们所赞美的"好世界"增添缺陷。这绝不是追求奇特的游戏文字,也不是随随便便地捡起了猫头鹰来凑数的。

至于发汗药、冰糖葫芦对于人也是有益的。赤练蛇,据有关书中的记载是一种凶猛的蛇,见人便扑上前去,咬住就不松口,虽断其身也不罢休,因此常被人误为毒蛇。其实它是无毒的。紧紧地咬住敌人,至死不屈,这很容易让人联想到鲁迅那种韧性的战斗风格。鲁迅在《我的失恋》中写到赤练蛇是否与此有关呢?这仅仅是一种联想而已,我一时还找不到有力的根据来说明它。

鲁迅拟写的"穷"

鲁迅先生晚年打算写一篇谈"穷"的文章,不过未能完成。这是一件憾事。冯雪峰同志在《鲁迅先生计划而未完成的著作》一文里,十分珍贵地记录了鲁迅当面对他讲的几句话。真是新鲜独到,别有深意,倘能写出,当是奇文。

鲁迅是这样说的:"穷并不是好,要改变一向以为穷是好的观念,因为穷就是弱。又如原始社会的共产主义,是因为穷,那样的共产主义,我们不要。"又说:"个人的富固然不好;但个人的穷也没有什么好。归根结蒂,以社会为前提,社会就穷不得。"

承认穷,穷则思变,这是对的;但不能就此得出结论,越穷越好。这使我们联想到"四人帮"肆虐时代的一些谬论。他们说人富了就要变"修",让人们安于过一种穴居野食的生活,而这一伙伪君子自己则是花天酒地,声色犬马,尽情享受。鲁迅先生的话真是锋利无比,越过了时间的距离,竟好像是击刺"四人帮"的。

所谓"个人的富固然不好",这是以社会不能穷为前提的,当然是鲁迅的辩证法观点,两者并不矛盾。鲁迅还看到了那种以穷为好的言论也不一定全出自敌人。比如他的老师章太炎先生也有类似的论调,他是大不以为然的。鲁迅有一次同许寿裳谈起他们这位章老师，他说："章先生著《学弊论》所谓：'凡学者贵其攻苦食淡，然后能任艰难之事而德操亦固。'这话诚然不错，然其欲使学子勿慕远西物用之美，而安守其固有之野与拙，则是做不到的。因为穷不是好事，必须振拔的。"（许寿裳：《亡友鲁迅印象记》）鲁迅看出章太炎先生至少是观点片面，思想糊涂。中国古代的不少道德家、学问家都提倡穷。当然，在艰苦的条件下努力奋斗这是好的；但在他们看来，穷与操守有必然联系，唯有受穷才能成就文章道德的事业。不客气地说吧，这些人是在有意无意地替统治阶级宣传"安贫乐命"的思想。

我觉得，鲁迅先生在他生命的最后的日子里时时想到"社会就穷不得"这个命题，是意味深长的。

1981 年 12 月

《女人与面包》

这是一本装帧十分粗俗的书，就像旧社会马路电线杆子上贴的卖野药的广告一样，用一种蓝颜色，拙劣地画了一些怪体的美术字，但它在旧书店的破书堆中却吸引了我。

我被这书名吸引了——《阿Q及其他》，还有那封面上的"滑稽电影"几个字。作者是一个陌生的名字：力工。版权页上标明：一九三二年四月北平文化学社和东华书店代理发行。我是见到有关鲁迅的书便搜集的，还是买了下来。

回到家里随便翻翻，知道书中共收五部电影脚本，前边还有一篇《影片制法摘要》，介绍了一些电影术语之类。五部电影的次序是：《楔片》（有声）、《阿Q》（无声）、《傀儡》（无声）、《残忍之鹰》（炭画）、《钟馗与钟妹》（钢笔画）。后面两种实际是动画片脚本。全书以《阿Q》篇幅最大，用以作书名。我又发现在《阿Q》页码的边线上还印有《女人与面包》字样，显系原名，立刻让我联想起鲁迅先生致王乔南的信来，其中不就提到《女人与面包》吗？

一九三〇年十月五日，在北平的一位叫王乔南的戏剧工作者写信给鲁迅先生，询问准备把《阿Q正传》改编为电影剧本的事。同月十三日鲁迅复信给他,明白地表示了《阿Q正传》实无改编的必要,"因为一上演台,将只剩了滑稽,而我之作此篇,实不以滑稽或哀怜为目的,其中情景,恐中国此刻的'明星'是无法表现的。"王乔南接到信后于十一月六日又写信给鲁迅先生,并且讲到他已经着手把《阿Q正传》改编为电影,名字叫《女人与面包》,可能还详述了故事梗概,所以鲁迅在同月十四日给王乔南的信中便说,读了信"恰如目睹了好的电影一样"。当时作者还向鲁迅提出了准予表演摄制权,鲁迅回答:"那是西洋——尤其是美国——作家所看作宝贝的东西,我还没有欧化到这步田地。它化为《女人与面包》以后,就算与我无干了。"在我买的署名力工的《阿Q及其他》一书中,在《阿Q》剧本的结尾处,还有作者的一个声明:"此剧由《呐喊》中之《阿Q正传》改编,业经原著者许可,特此致谢。"看来,这位力工大概就是王乔南了。

为了找到根据,我去翻检一九三六年三月北平中华图书馆协会印行的《现代中国作家笔名录》,在第二十二页上果然有王乔南的一个条目,他的笔名正好是力工。这就确定无疑了。因此,今后在注释《鲁迅书信集》时,即可以注明力工是王乔南的笔名,他改编的《阿Q正传》是成功了的,而且还出版了单行本,不过改《女人与面包》原名为《阿Q》,至于是否拍成电影,恐怕回答是否定的。

关于改编者的态度，笔者在一个极偶然的情况下见到王乔南致周作人的一封信，时在一九三〇年十月一日，即他写给鲁迅第一封信的前三天，其中也谈到他为什么要动手改编《阿Q正传》，估计在给鲁迅的信中也是这样谈的，今摘录一段：

去年我就有这个动机，曾以我的意见，说给一位影剧导演者。那位导演者很郑重的对我说："现在一般观众，没有同情于工农的，且让剧中人长上辫子，那也实在难看。你若编制剧本，很偏重女角的片子，那才时髦，才能多多赚钱。"我回家一想，国产片子，所以没有艺术的产品大概都因"想时髦"，"想多多赚钱"的缘故吧？我不但不听他的话，反而有编制这篇《阿Q趣史》之决心。……有人说现在已是"阿Q死去了"的时代，但我睁眼一看，各处仍然充满了这个灰色可怜的阿Q，我总想另给他一点生命，驱他到银幕上去。……（原件藏鲁迅博物馆）

大体说来，改编者的动机还是严肃的。又因为本片是无声的，开首出现的字幕亦可以说明改编者的心思，那上面说："人生最大的隐痛，莫过于内心之菌，如吃人的礼教，吸人膏血的资产阶级及其保护者是也。故欲除此痛苦，当先杀其菌，若以按摩符咒而医疗

走上舞台的阿Q。

疾，讵能根本治疗耶？"从改编本来看，阿Q终于被处死，而且行刑前在野外的两棵大树下让他跪下，阿Q还不肯跪，士兵们用枪戳他的腿，阿Q才被迫跪下来。这基本上是忠实于原著的。然而，真正理解《阿Q正传》的意义也难，因为自从这部小说诞生以来，评家纷纭，何况搬上影幕呢？鲁迅先生的担心并不是多余的，他唯恐阿Q一上演台，便只剩下了滑稽，尽管王乔南作了很大的努力，他还是摆脱不掉"女人""趣史""滑稽电影"这些趣味。诚如那位影剧导演事先对改编者说的，为了这本书的销行，在书脊和封面上，改编者也只好挂出"滑稽电影"这个招牌！这恰恰是鲁迅先生所反对的，也是改编者无法摆脱的矛盾吧。

《女人与面包》终归是《阿Q正传》改编为电影的第一个本子，而且鲁迅先生事先知道改编者的意图，表示同意，事后还见到了这本书。证据是：在鲁迅博物馆保存的鲁迅先生的藏书中也有这本书，扉页上还有王乔南的题字："请转呈鲁迅先生教正，著者敬恳"。可惜，关于改编者的情况却不知其详了。

《一件小事》以外

一九二〇年,鲁迅先生发表了短篇小说《一件小事》。

鲁迅过去和农村劳动人民有过接触,对于中国的劳苦大众有比较正确的认识,他不是抱着怜悯和恩赐的态度,单纯描述他们生活的"卑琐"和"苦难",而是"将所谓上流社会的堕落和下层社会的不幸,陆续用短篇小说的形式发表出来","意思是在揭出病苦,引起疗救的注意"。他同情劳动人民遭受剥削和压迫的生活,为了寻求劳动人民的解放道路而奋力呼号。《一件小事》,写出了劳动人民的崇高精神和他对劳动人民的希望。

在一个寒风凛冽的冬天,人力车夫无意间碰倒了衣衫破烂的老妇人。车上的"座客",为了怕耽误自己的时间,竟说那个老妇人是"装腔作势",而且当时"又没有别人看见",以为车夫可以一走了之,不必"自讨苦吃","惹出是非";然而那位人力车夫却不理睬"座客"的唠叨,赶忙放下车子,跑去扶起老妇人,并且主动承担责任地搀扶她到巡警分驻所去……。鲁迅通过"座客"的自惭,写到这个满身灰尘的人力车夫的形象,"刹时高大了,而且愈走愈大,须仰视才见"。最后说,这件小事"教我惭愧,催我自新,并且增长我的勇气和希望"。

延安十八集团军出版的
鲁迅小说集《一件小事》。

在这里，鲁迅先生热情地歌颂了劳动人民的优秀品质，也解剖了小资产阶级知识分子自私自利的旧思想。鲁迅写的是小说，小说中的"我"并不就是鲁迅自己，但是透过"我"的自惭，却展现了鲁迅无情面地解剖自己和虚心地向劳动人民学习的愿望。

后来，鲁迅写了小说《示众》，在这里又曾写到一个因酷暑、饥饿和劳累摔倒在街上的人力车夫，同时也鞭挞了那个依然坐在车上不为所动的座客，以及在周围旁观取乐的人们。

在实际生活中，鲁迅先生也很关心车夫。

一九一三年二月八日，《鲁迅日记》里记载了一件使他怒形于色的事，那是鲁迅先生在路上的所见：

上午赴部，车夫误踬地上所置橡皮水管，有似巡警者及常服者三数人突来乱击之，季世人性都如野狗，可叹！

鲁迅对于反动军警加于劳动人民的迫害是异常气愤的。

一九一五年五月二日的《鲁迅日记》里记载："车夫衣敝，与一元。"这是鲁迅对于那些衣不遮体的贫苦车夫的具体帮助。

一九一六年五月十七日的《鲁迅日记》里记载："下午自部归，券夹落车中，车夫以还，……"这里又特意记下了车夫拾金不昧的高尚品德。

当时，鲁迅先生是教育部的官员，但他没有一点官架子，在车夫面前也很平等。这在当时是很少见的。据钱稻孙的回忆，有一次他同鲁迅在宣武门内的益昌饭馆吃完饭回教育部，看到一辆人力车翻在道旁的水沟里，车夫一个人怎么也没有办法，而旁边也没有人肯出力，鲁迅却同钱稻孙帮助车夫把车子搬了上来。可以想象，鲁迅先生在众目睽睽之下，既不怕泥水沾污了自己的衣服，也不怕有损官员的威风，而那位人力车夫当时该怎样地感激他呢？想不到这件事竟然受到同事和街上人的耻笑！

据鲁迅的侄女回忆，在上海，有一年冬天的黄昏，北风正怒吼着，天色十分阴冷。周建人领着女儿到鲁迅家去。在离先生家门口不远的地方，一位人力车夫正捧着自己流着鲜血的脚，坐在地上呻吟着。原来这位车夫踩在碎玻璃碴上，光脚上血流不止，疼得不能走动。

鲁迅先生知道这件事后，就同周建人一起拿着药品、钳子和纱布来到车夫跟前。他在寒风中蹲下身去，细心地把车夫脚底的碎玻璃片用钳子夹出来，又用硼酸水把伤口洗干净，敷上了药，扎好了绷带，扶车夫站了起来。回到屋里以后，小侄女曾经天真地问伯父：那个人力车夫为什么不穿鞋，光着脚拉车？鲁迅先生慈蔼的面孔，立刻变得严肃起来。

车夫们的艰难生活永远记挂在鲁迅先生的心里，他还力所能及地给他们一点实际帮助。在炎热的夏天，他同内山完造先生合作，在内山书店门前专门为车夫们设立了一座施茶处。

《一件小事》以外的这些有关鲁迅与车夫的记载，也都算是一些小事吧，但是对于我们理解鲁迅先生的思想和作品却是重要的。它告诉我们，鲁迅先生之所以写出《一件小事》绝不是偶然的。他有生活实感，而且在写完了《一件小事》以后，仍然同人力车夫们同呼吸共命运。鲁迅是永远属于劳动人民的。

鲁迅初到广州

人们很重视鲁迅在广州的经历和思想,这当然是鲁迅研究的正途。正因为这样,现在我们至少已经见到有五种不同版本的《鲁迅在广东》问世了。鲁迅在世时,钟敬文编过一本《鲁迅在广东》。五十年代曾敏之写过一本《鲁迅在广州的日子》。近十年广东和山东又分别出版了三本同类的书。一书而同名如此之多,这在我国现代文学出版史上也是少见的。

最近有人说,目前鲁迅在广东的资料似乎"已经搜集殆尽了",怕也未必。我偶然翻旧报,便在一九三六年六月十四日上海《时代报》副刊《天问》上,看到一篇署名老秀写的《鲁迅的轮廓画》。那是一九二七年一月鲁迅初到广州之际,作者访问鲁迅的回忆。文章发表时,鲁迅还在世,不知先生见到过此文否?

访者先问鲁迅到了几天,对于这革命策源地的广州有何感想,而且相信一定会有很多好的意见。鲁迅回答:"没有,没有。不过,我早就知道,我也该知道,靠近锅底的栗子总是先爆起来的啊!"鲁迅的这个比喻很形象,说明鲁迅对广东还是抱了希望的,也有好感。但是,话里也有保留,因为这只是就一般的道理而论,即理应如此,究竟如何,当然还要实际看看再说。所以当访者追问他在广州看到热锅底下爆出来的革命景象有何感想时,鲁迅便直截地说:

"我到此地还没有看见什么特殊的景象,除去吃饭叫着'夹奔',铜板叫着'先'。还有,我们祖传的吃茶的习惯还是保持着,这里更为发达。……吃茶又叫'夹颏'。"鲁迅的话很幽默,却也看出这里原先传说得如何如何,实际上也还是"红中夹白",以旧为主,没有什么特别。

当这位访者恭维鲁迅在讲演时如何受到了人们的欢迎,鲁迅说:"怕不是的吧?又是来看我这个阿Q的吧?"访者希望鲁迅再写一部像《阿Q正传》似的著作,鲁迅笑了:"那该是《阿X正传》了!哈哈。"同时一语点破:"阿Q说的话无论如何不会有绅士风度的。"最后,访者问鲁迅:暂时不会离开广州吧?鲁迅回答:"那要看是不是红封面的《呐喊》就算是赤化了!"这话果然被鲁迅先生所言中,"四一五"大屠杀一发生,这革命策源地的广州便露出了本相。赤化为罪,有的人被捕被杀了,可鲁迅先生始终以为广州算不得真赤。鲁迅先生说:"我抱着梦幻而来,一遇实际,被从梦境中放逐了,不过剩下些索漠。"于是,他只好告别广州,到异地去寻找新的梦幻了。

《时代报》上的这篇鲁迅在广州的言论,大体上符合鲁迅当时的思想,语言风格也相近,为证明鲁迅在广州的资料未必"搜集殆尽",特补述如上,以备有志研究鲁迅在广州时期思想的同志们查考。

鲁迅与钱玄同

一 王敬轩的出世

"五四"时期的钱玄同,是一个颇为响亮的名字。这名字是同新文化运动联系在一起的。现在,只要一提起钱玄同,便让人想起当年他那种对封建文化大声疾呼,敢冲敢打的锋芒。他不愧是打倒孔家店的一名战士。

钱玄同提倡白话文,主张新式注音符号,提倡用阿拉伯字记数,用纪元记年,中文横排等等。这些在今天看来都已微不足道,可在当时却被卫道者们视为异端。钱玄同痛快淋漓地大骂"桐城谬种""选学妖孽",甚至提出了"欲废孔学,不可不先废汉文"的十分激烈的主张。他认为:"二千年来用汉字写的书籍,无论那一部,打开一看,不到半页,必有发昏做梦的话。"(《中国今后之文字问题》)这些话惊骇得抱住古文不放的老朽们不知所措,便咒骂钱玄同是毁我祖先文化的千古罪人。

当一九一八年钱玄同等人在《新青年》揭起文学革命大旗的时候,并不是那么一帆风顺的,除了顽固派们的反对以外,社会上的反应一时还不那么热烈。这真使如钱玄同、刘半农这样热心于提倡新文化运动的积极分子感到寂寞。为了打破这沉闷的空气，钱玄同与刘半农合伙演了一场有名的"双簧信"，给五四运动留下一段值得纪念的插曲。王敬轩就这样出世了。

熟悉我国民间艺术的人都知道，所谓双簧戏，是一对舞台演员，一个站在台前，一个躲在暗处，前者只模拟表演，后者发声说唱，互相配合，意趣横生。只是近三十年来才不大容易看到这种表演形式了。钱玄同与刘半农合演的"双簧信"是事先早就拟议好的，故意造成一场论战，以便引起社会上的注意。一九一八年三月，在《新青年》第四卷第三期上，钱玄同化名王敬轩，扮成一个反对新文化运动的顽固派，发表了一篇《文学革命之反响》。文章历数新文化运动的罪状，若有其事地攻击起《新青年》来。而早就做好准备的刘半农便针锋相对地写了洋洋万余言的《复王敬轩书》，在同期《新青年》上发表，把实无其人的王敬轩驳斥得体无完肤。

这一仗打得十分漂亮，果然扩大了新文化的影响，引起各方的重视，有些卫道者真的来为王敬轩鸣不平了。鲁迅先生则赞誉这"双簧信"的表演是一场"大仗"，因为："现在看起来，自然是琐屑得很，但那是十多年前，单是提倡新式标点，就会有一大群人'若丧考妣'，恨不得'食肉寝皮'的时候，所以的确是'大仗'。"

（《且介亭杂文·忆刘半农君》）

从这"大仗"中,我们不是可以清晰地看到钱玄同机智灵活的战斗姿态和他那开朗活泼的性格吗?

二 金心异的来历

王敬轩一旦被驳,守旧派们就坐立不安,有的便写信质问《新青年》。可见"双簧信"是打到了他们的痛处。

当时赫赫有名的桐城派古文大将林琴南,算是封建顽固势力的代表之一。他按捺不住地在上海《新申报》上写了一篇文言小说《荆生》,咬牙切齿地影射攻击了《新青年》的几个人。小说中有一个浙江人金心异,便是影射钱玄同的。

金对钱,心对玄,异对同,连名字都是有意影射。在林琴南的笔下,金心异"能《说文》",暗指他是章太炎的弟子;挖苦他"姓金者性亦嗜金",并且借着书中的伟丈夫来怒斥金心异的主张"为伤天害理之言",是"禽兽之言,乱吾清听"。最无聊的,林琴南知道钱玄同是近视眼,故意在小说里丑化金心异:"金生短视,丈夫取其眼镜掷之,则怕死如猬,泥首不已。丈夫笑曰:'尔之发狂似李贽,直人间之怪物。'"这已经不是争论问题,而是人身攻击。卫道者仇恨新文化的歇斯底里于此可见。

林琴南在小说中幻想出一个英雄"荆生将军",让这个"伟丈夫"以武力镇压了仇人金心异等人。从精神上满足了卫道者们的私怨,发泄了一下他们无可奈何的心情。有人指出,林琴南心目中的荆生将军是瞩目于军阀徐树铮的,所以刘半农在《初期白话诗稿》序言中说:"这样文字之狱的黑影,就渐渐的向我们头上压迫而来……"

林琴南即林纾,是清末著名的翻译家,在早期介绍异域文学方面有过不可磨灭的贡献,尽管那时用的还是文言。但是,他反对和仇视新文化的无赖态度却是令人不齿的。这也说明封建顽固派在理论和道义上都已无力还手,只好求助于谩骂和影射攻击,恰好暴露了守旧派们的绝望挣扎,不过是不甘心失败的一种哀鸣而已。

势不可挡的五四新文化运动,还是顺着历史的潮流,扫荡着一切腐朽的旧文化迅猛地前进着。

鲁迅在北京经历了这场斗争。他同《新青年》站在一起,嘲笑了卫道的林琴南,对于"金心异"表示了极大的支持。当时,鲁迅在文章和书信中,不称钱玄同而直呼金心异,也就是对林琴南的一种藐视。前些年,在钱玄同的藏书中发现了鲁迅致钱玄同的书信十几封,其中称"心异兄"和"心翁"的就有好几件。至今读来,仍然令人感到快慰。

三 "毁坏这铁屋"

鲁迅在《呐喊》自序里,以金心异为名写到他同钱玄同的一段交往,甚至认为自己开首写小说还应该归功于钱玄同的鼓动和督催。在一九二五年写《俄文译本〈阿Q正传〉序及著者自叙传略》时,又明确提到钱玄同与自己有过不可解的文学姻缘:"初做小说是一九一八年,因了我的朋友钱玄同的劝告,做来登在《新青年》上的。这时才用'鲁迅'的笔名……。"(《集外集》)

早在一九一七年以前,鲁迅便已经接触《新青年》了,但是由于钱玄同的关系,鲁迅才正式同《新青年》发生了直接的联系。

钱玄同是怎样劝鲁迅做起小说来的呢?

那时鲁迅住在绍兴会馆的补树书屋,他一面研究中国的历史文化,一面在探索中国的前途。钱玄同来时,经常看到鲁迅在抄录古碑。

那时偶或来谈的是一个老朋友金心异……

"你抄了这些有什么用?"有一夜,他翻看我那古碑的抄本,发了研究的质问了。

"没有什么用。"

"那么,你抄它是什么意思呢?"

北新书局版鲁迅小说集《呐喊》。

"没有什么意思。"

"我想,你可以做点文章……"

我懂得他的意思了,他们正办《新青年》,然而那时仿佛不特没有人来赞同,并且也还没有人来反对,我想,他们许是感到寂寞了,但是说:

"假如一间铁屋子,是绝无窗户而万难破毁的,里面有许多熟睡的人们,不久都要闷死了,然而是从昏睡入死灭,并不感到就死的悲哀。现在你大嚷起来,惊起了较为清醒的几个人,使这不幸的少数者来受无可挽救的临终的苦楚,你倒以为对得起他么?"

"然而几个人既然起来,你不能说决没有毁坏这铁屋的希望。"

……于是我终于答应他也做文章了,这便是最初的一篇《狂人日记》。从此以后,便一发而不可收……

这样,在我国现代文学史上奠基石式的创作《狂人日记》,便在一九一八年第四卷第五期的《新青年》上发表了。

我翻开历史一查,这历史没有年代,歪歪斜斜的每叶上都写着"仁义道德"几个字。我横竖睡不着,仔细看了半夜,才从字缝里看出字来,满本都写着两个字是"吃人"!

这代表了千千万万想要冲毁铁屋的觉醒者的呼喊，从此便震响在沉寂的太空，打动了千百万读者的心。我们骄傲地有了鲁迅，伟大的鲁迅。

决定鲁迅拿起笔来从事创作的主要原因，当然是那个苦难的时代，是帝国主义、封建主义、官僚资本主义的残酷压迫和人民的英勇斗争。但是，在某种机缘上，钱玄同确实是促使鲁迅提起了笔来。钱玄同功不可没，他是鲁迅作品的催生者，是永远令人感念的。

四 补树书屋的常客

那时候，钱玄同经常提着一个大皮夹，里面带着一些《新青年》的文稿或刊物，行色匆匆地往返于宣武门外南半截胡同的绍兴会馆。"……将手提的大皮夹放在破桌上，脱下长衫，对面坐下了，因为怕狗，似乎心房还在怦怦的跳动。"只要他一到，补树书屋的纸窗里便会传出他那"又高又快"的谈话声，钱玄同果然是个喜欢高谈阔论的人。

有时他取走鲁迅刚刚写好的文章，有时又把还带着墨香的刚装订好的刊物交给鲁迅。一九一八年七月二十九日的《鲁迅日记》上便有这样的记载："夜钱玄同来并持来《伊勃生专号》十册。"

一九一九年五月九日的《鲁迅日记》上记载:"夜得钱玄同信并杂志十册。"前者是第四卷第六期的《新青年》易卜生专号,后者是正当"五四"前后几天出版的第六卷第五期《新青年》马克思主义专号。就在这个专号上,载有鲁迅的小说《药》和杂文《来了》《现在的屠杀者》《人心很古》《圣武》等四篇。

待钱玄同畅谈后归去时,多已是深夜了。小巷僻静,他边走还得边提防着突然窜出来的黄狗。而鲁迅先生呢?我们可以想象:当他送走了钱玄同以后,捻亮了桌前的油灯,打开新出版的《新青年》,急切地读着……。会馆四周寂静无声,也许他又在计划着写一篇新的文章了。

从这时期的《鲁迅日记》上看,几乎每隔两三天,钱玄同必来会馆夜谈。两个人一见面兴致都极高,各自畅抒所见,不能罢休。有时人未到书信就来了;有时信至人也到了;或者竟像打乒乓球似的,鲁迅刚寄给钱玄同一封信,信还在途中,钱玄同却飘然而至。有时彼此日发两函,使邮差为之奔波不已。他们真是谈而不厌啊!

谈得尽兴时,鲁迅便留钱玄同便饭,往往到附近的百年老店广和居去叫来一点小吃,也无非是炸小丸子、酸辣汤等极普通的菜。一九一七年九月三十日的《鲁迅日记》记载着:"旧中秋也,烹鹜沽酒作夕餐,玄同饭后去。月色极佳。"可以想见,当年他们在中秋月明之夜，举杯畅叙的情景有多么动人。当年同是他俩老朋友的沈尹默先生也说过："他们两位（指鲁迅与钱玄同）碰在一起，别人在旁只有洗耳恭听的份儿，是没有插嘴的余地的。"（沈尹默：《鲁迅生活中的一节》）此话诚信。

说到他们往来的书信，现在我们见到的鲁迅致钱玄同的信共十三封；钱玄同写给鲁迅的不过数封。但是，从这极少的信件中，也能看出他们之间友谊的亲密。当一九一八年，钱玄同与李大钊等轮流编辑《新青年》时，鲁迅在这一年七月五日写的信中，回答钱玄同的催稿。鲁迅说："嘴里要做的东西，向来很多，然而从来未尝动手，照例类推……"有的信是钱玄同来请教中国小说史上的问题，如一九二四年十一月二十六日，鲁迅回答他询问《醒世姻缘》一书的价值。在这些信中，鲁迅的笔墨是很随便的，而且带有强烈的幽默感。这是因为钱玄同在信中常常显示自己精通《说文》，处处卖弄小学家的知识，又写古字，又用典故，表现出他还摆脱不掉旧文人的习气。鲁迅在给他的信中也故意用了那么多"之乎者也"，除了表现他们关系的亲密，也带有善意嘲讽的意味。例如一九二五年一月十二日的信，句句有文言虚词，结尾是这样的："然而信纸已完也。于是乎鲁迅乃只得顿首者也。"

钱玄同信中噜嗦的地方实在比比皆是，一九一九年二月四日，他给鲁迅的信的开头称"咱老大"。接着又在旁边加注:"咱,我也。老大,犹言兄也。"(原件藏鲁迅博物馆)这,不由得让我们想起后来鲁迅对他的评语:"唠叨如故。"

五 战斗的伙伴

在打倒孔家店和反对胡适破坏《新青年》的战斗中,钱玄同与鲁迅始终是站在一起的,他们是同志,是好伙伴。

参加五四运动的右翼分子胡适,早就看不惯钱玄同、刘半农的言论过激,对他俩表演的"双簧信"也认为是举动"轻薄",有失士大夫的身份。鲁迅鲜明地支持了钱玄同,以为"矫枉不忌过正,只要能够打倒敌人,嬉笑怒骂,皆成文章"。(**转引自沈鹏年《鲁迅与〈新青年〉同人关系探索之五》**)

当《新青年》开始介绍和宣传马克思主义时,胡适一直反对,十分惧怕。出于他反动的立场,曾经想尽办法来扼杀这种影响,甚至想从根本上扭转刊物的方向,由他独揽编辑大权,把钱玄同、刘半农等人排挤出去。据沈尹默回忆,钱玄同当时即反对胡适的意见,而鲁迅先生更仗义执言,驳斥了胡适的无理主张。当时,鲁迅对胡适说:"这个杂志如果归你一手包办,我们就坚决不投稿。"(沈尹默：《鲁迅生活中的一节》）由于多数人都反对，胡适也不得不知难而退了。

之后，胡适又跳出来不准《新青年》谈论政治，钱玄同与鲁迅又一起加以反对。鲁迅直接写信给胡适，表示："至于发表新宣言说明不谈政治，我却以为不必。"（1921年1月3日）鲁迅预见到《新青年》的趋势是趋于分裂，钱玄同则表示："玄同的意见，和周氏弟兄差不多。"（《中国现代出版史料甲编·关于〈新青年〉问题的几封信》）

鲁迅在一九一八年七月五日给钱玄同的信中，曾经痛骂过"国粹丛编万岁！老小昏虫万岁！！"钱玄同在一九一九年一月三十一日给鲁迅的信中也痛斥过国故和迷信。那一天正是旧历戊午年除夕，钱玄同信中说："写这信时，外面爆竹之声不绝于耳。……又见琉璃厂有两家门口在那里放火，不知烧什么东西，总而言之，真旧而已。国故万岁！昏旦万岁！！kuso万岁！！！"（原件藏鲁迅博物馆）

一九二〇年五月七日，钱玄同写给鲁迅一封信：

今天忽然得一件奇事，要报告……青云阁后门里有一家书店内有一部书，叫做什么《情诗三百首》，内容之妙，自不待言。……尤奇者卷末附了几首叫做什么"新体白话情诗"，其中有陶克忒的

《新婚诗》,《老洛伯诗》,并且把你做的那首"知了不要叫了……"居然也放在情诗之内!真可谓天地之大,无奇不有了。这光景比在《一文钱》上加上"滑稽小说"四个字更妙了。(原件藏鲁迅博物馆)

所谓青云阁,是指坐落在前门外西观音寺街的青云阁商场。像当年坐落在前门外廊房头条的京师第一劝业场一样,里面也开有菜馆和茶社。鲁迅先生每逢假日常到这两处理发、购物和饮茶。所谓鲁迅的"知了不要叫了",是指一九一九年四月鲁迅以唐俟笔名发表在《新青年》第六卷第四期上的新诗《他》。本来这是一首表现鲁迅对真理的追求和对黑暗的旧社会不满的诗,却被文化书商视为情诗,莫怪钱玄同把它看成"奇事"。此时的钱玄同与鲁迅志趣投合,好恶相近,多的是共同语言。

六 "我的老同学"

钱玄同除了自己起过数不清的名字以外,也喜欢替别人起绰号。据沈尹默先生回忆,鲁迅有个绰号叫"猫头鹰",记得就是钱玄同给起的。当时的友人说,这是鲁迅喜爱的动物,又有人说这是因为鲁迅不修边幅,蓬首长发,常常凝然冷坐的缘故。不管怎么样,鲁迅似乎并不讨厌这个绰号,他曾自喻所写的文章是枭鸣,会给正人君子们赞美的好世界带来大不吉利的消息,是专门给他们的好社会增添缺陷的。钱玄同很可能是着眼于此而送给鲁迅这一绰号的。

鲁迅也给钱玄同起过绰号,叫"爬来爬去",又称"爬翁"。说到这个绰号,便要讲到当年他俩在东京一起跟章太炎先生学《说文解字》的事,因为他们是老同学。

一九二四年,鲁迅在《我来说"持中"的真相》中,对钱玄同的一篇文章有所指谬,开头便说:"风闻我的老同学玄同其人者,往往背地里褒贬我,褒固无妨,而又有贬,则岂不可气呢?今天寻出漏洞,虽然与我无干,但也就来回敬一箭吧⋯⋯"(《集外集》)语多诚挚而又亲切,当时鲁迅是乐于称钱玄同为"老同学"的。

一九〇八年,在东京小川町民报社章太炎的寓中,听太炎先生讲学的共有八人。除鲁迅、钱玄同外,还有许寿裳、周作人、钱家治(钱学森的父亲)等。许寿裳在《亡友鲁迅印象记》一书中回忆过当时上课的情形:"我们同班听讲的⋯⋯以玄同说话最多,而且在席上爬来爬去。所以鲁迅给玄同的绰号曰'爬来爬去'。"看来,这个绰号由来已久,"爬翁"之称,原亦由此。

钱玄同从章太炎学文字之学,太炎先生只是引他入门,但这对钱玄同后来一生从事语言文字的研究也不无关系。到了北京,鲁迅对这位"老同学"的专攻语言学也曾从旁协助,例如他曾代钱玄同往日本购书。一九一八年二月十九日东京堂寄来《口语法》一册,鲁迅在日记上特别记了一笔,分享了这一喜悦。在教育部的读音统一会中,鲁迅也积极支持钱玄同主张的注音符号等倡议,把语文的革新看作是文学革命的一部分。

然而,对于钱玄同在语文运动中的一些错误意见,以及钱的小学癖,鲁迅先生并不称许。许广平写过一篇《民元前的鲁迅先生》,提到鲁迅在日本翻译《域外小说集》时,采用了不少古字,认为这是受了章太炎讲《说文解字》的影响。钱玄同当时也热衷于此道。许广平记录了鲁迅先生的话:

据鲁迅先生说,章先生本来不过偶然写几个古字,可是有一位最年青而又聪明的钱玄同先生,却时常会拿着书走向章先生跟前,指出还有那几个字应该照古体的样子写,于是章先生点头称是,照改了。越改越甚,这就弄成后来一些文章上所见到的特别现象。

后来,鲁迅先生慢慢抛掉了写古字的习趣,而钱玄同的癖好却终生不能改变。如果看他的手迹和书信,古字连篇,故弄玄虚。

七 家世及思想

钱玄同,名夏,玄同以字行,一八八七年诞生于浙江吴兴县。父亲钱振常,是清朝光绪年间的举人。钱玄同的哥哥钱恂是清末的一位外交官,曾经在清政府驻法国、意大利、日本等国的使馆担任过参赞和公使的职务,比钱玄同大三十岁左右。

钱玄同诞生时,他的父亲已经年过六十,因此对于这个幼子十分钟爱,一心想把他培养成一个知书达礼的子弟。钱玄同自幼入私塾读经,终日苦修,以待入试中举。十八岁时,本拟应童子试,因母丧守制不能入考。钱父死得更早,他一直跟着钱恂生活。长兄比父,他在老兄面前毕恭毕敬,甚至在"五四"反封建的高潮中,每逢旧年,还要给老兄行跪拜礼。倒是同年龄相近的侄儿钱稻孙谈得更投机。

在私塾读书时,他像当时被禁锢的很多少年一样,也喜欢读一些老师不允过目的杂书和小说。有一次,他偷看《桃花扇传奇》,看得兴趣正浓,被老师发现了,一戒尺打在头上,到晚年还在眉心上留有一道伤痕。正是在十八岁那年,他从同学那里借来梁启超编辑的《新民丛报》,一下子打开了他思想的窗子,十分向往变法维新的改良主义主张。他饥渴地阅读一些宣扬新学的书刊,思想上受到了影响。他读了章太炎的《訄书》，也读了邹容的《革命军》。但是，自幼读经诵礼的钱玄同，思想上也中了毒，终于不能从思想上来一个飞跃。他视这些书刊是宣传"谋反叛逆"的言论，对于《訄书》，他只是赞扬作者"学问深，文笔高"而已。（转引自黎锦熙《钱玄同先生传》）

二十岁时，奉老兄钱恂之命完婚。婚后赴日本留学，才有机会结识了鲁迅。这时，他开始接触大批追求新思想的爱国青年，使他的思想也得到解放，接受了民主主义思想。于是他也剪去头上的长辫子，投入了反清的学生运动。

钱玄同在日本是读师范的。回国以后，他先在家乡担任中学国文教员。辛亥革命后，因为本来革命思想就不稳固，以为革命的目的就是推翻清朝，恢复汉室。如今清室已倒，大功告成，此后便可以恢复汉族的一切典章文化了。他甚至认为连衣冠制度，也应该按照《礼记》上的记载来行事。为此，他撰写了《深衣冠服说》，极力加以鼓吹。《礼记》中规定"深衣"为士大夫朝祭之服，又是庶人的"吉服"（礼服）。历代经学家和学者也多推崇此说。清代的黄宗羲曾做过一篇《深衣考》。钱玄同也来凑热闹，他大谈这种衣裙上下连结的服装如何"方正平直"，如何"可以为文，可以为武"。他不仅提倡，而且还带头实行。在杭州，他竟荒唐地依式制裁，穿了一套"深衣",配戴着古冠,一摇一摆地往浙江省教育司去办公。这种复古表演,只能换来人们的耻笑,他当然不能坚持,只好无可奈何地随俗了。

钱玄同思想上的这种矛盾和变化起伏,也是辛亥革命前后一部分软弱的知识分子的通病。在这以后,他仍然经历着这种变化和矛盾,时而战胜了弱点便前进,时而战败了便又落荒而去。在革命深入的时期,这种矛盾表现得愈加明显了。

八 提倡文字改革的功过

一九一三年,钱玄同的老兄钱恂到北京就任大总统府的顾问,钱玄同也辞去浙江省教育司科员视学的职务,跟随老兄北上,在北京高等师范学校和北京大学教书。其时,鲁迅先生在前一年的五月,也已经随教育部从南京迁来北京。从此,东京时代的两位老同学又在北京重逢了。稍后,在伟大的五四运动中又奠定他们友谊的崭新基础,他们作为亲密的战友共同参加了五四运动。

"五四"前后,钱玄同思想敏锐,很快接受了文学革命的新思潮,在一些前驱者的引导之下,有了巨大的进步。他从旧垒中来,熟悉封建旧文化,反戈一击,常常使老朽们无力还击。那时他在新文化战场上冲锋陷阵，锋芒毕露，自认为是一个"纲伦压迫下的牺牲者"，对旧文化有着切身的仇恨，确是一个英勇无畏，毫无顾忌的战士。这也正是鲁迅乐于跟他同道和放怀畅谈的主要原因。

但是，即使在他们作为战友而并肩作战时，两个人思想的高低和对问题的认识也有不少差距。例如钱玄同改革文字的主张相当激烈，堪称激进派；但很多言论又好走极端，把话说绝，好就绝对的好，坏就绝对的坏。他给陈独秀的信中，曾经把《聊斋志异》贬为"全篇不通"，又说："……论其过去之历史，则千分之九百九十九为记载孔门学说及道教妖言之记号，此种文字，则断断不能适用于二十世纪之新时代……"他们有些改革主张又都是从书斋中来的，或仅限于纯语文的角度，把思想与文字，政治与学术完全割裂开来。鲁迅先生也主张文字改革，提倡白话文，尽管表面上不如钱玄同那样激烈，但他尖锐地看到文字改革的前途，指出问题的实质。一九一八年十月，鲁迅在《渡河与引路》一文中便深刻地讲到："白话文学也是如此——倘若思想照旧，便仍然换牌不换货。"鲁迅不仅是拥护文字改革，他同时更苦苦地求索改革社会的道路。他以为如果光是改革文字，提倡白话文，是无法动摇旧社会的根基的，甚至这种改革连统治阶级也是可以接受的。到了晚年，鲁迅更明确地提出文字改革一定要和民族解放运动联系起来。白话，包括罗马字在内，只不过是一种语言符号、形式而已，它既可表达新思想，也可以为旧思想服务，当时不就有很多遗少们穿着洋服皮鞋在鼓吹复古吗？

钱玄同提倡罗马字的时候，在社会上的反应极小，是很冷落的。他曾在《新青年》的通信栏里点名叫阵，让鲁迅出来讲话。鲁迅果然出阵助威，因为尽管彼此的认识不同，要求改革还是一致的。

鲁迅看到钱玄同的主张有点脱离实际，因为这种罗马字是学者的闭门造车，难学难记，摆脱不了四声的束缚。鲁迅在《无声的中国》里说：

> 钱玄同先生提倡废止汉字，用罗马字母来替代。这本也不过是一种文字革新，很平常的，但被不喜欢改革的中国人听见，就大不得了，于是便放过了比较的平和的文学革命，而竭力来骂钱玄同。白话乘了这一个机会，居然减去了许多敌人，反而没有阻碍，能够流行了。

钱玄同是不自觉地把敌人引向了自己，而给白话文和文学革命的发展创造了条件。因此，钱玄同的文字改革主张既有形而上学的一面，也有大胆创新和冲击封建文化的作用，在我国文字改革运动史上作出了贡献。

九　无情的分化

时代在发展，革命不断在深入，在斗争的风暴中，人们也在经受着激烈的考验。

鲁迅先生坚持反帝反封建的立场，紧紧地跟随着时代不断前进。他心里装着祖国和人民的命运，是一位真正的文化革命战士。阶级斗争的暴风雨，使鲁迅锻炼得更坚强，在政治上更成熟了。而钱玄同呢？五四运动的风暴一过，他像在辛亥过后的情况一样，又感到大事已成，自己也功成名就了，便陶醉在人们的捧场之中。他满足于别人称他为文字学家、音韵学家，只要能保住教授学者的地位就不再前进了。参加五四运动的人本来就良莠不齐，各有不同的思想基础，作为小资产阶级代表的钱玄同、刘半农等人的弱点，在运动一过便逐渐暴露出来。钱玄同一步步地走向自己的反面，他钻入当年极力反对过的故纸堆中，不问世事地只研究学问。当年在前沿阵地向封建文化冲锋的豪情已经消失，尽管前面还有敌人，他却不想战斗了。

鲁迅先生亲历了战友的分化，他回忆道："《新青年》的团体散掉了，有的高升，有的退隐，有的前进，我又经验了一回同一战阵中的伙伴还是会这么变化……"（《南腔北调集·〈自选集〉自序》）但是，鲁迅总还记着老同学的战绩，不忘当年钱玄同奋笔疾书的论战文章。一九二五年，鲁迅在给许广平的信中提到："其实畅达也自有畅达的好处，……例如玄同之文，即颇汪洋，而少含蓄，使读者览之了然，无所疑惑，故于表白意见，反为相宜，效力亦复很大。"（《两地书》）这仍然是对"五四"时期钱玄同战斗生活的褒扬。

"五四"以后，鲁迅与钱玄同在思想和生活上的志趣都有很大的变化，彼此的接触也渐渐少了，但是仍然保持着友谊往来。一九二三年八月二十四日《鲁迅日记》载有：以《呐喊》一册赠钱玄同。一九二四年四月十三日星期日休息，鲁迅"上午至中央公园四宜轩。遇玄同，遂茗谈至晚归"。这一天，两位老同学还能在中山公园从上午流连至夜，谈兴仍然不减当年。

一九二四年十一月，《语丝》创刊。发起人中钱玄同名列第二，其中基本成员也很复杂，如周作人、林语堂、章衣萍等。鲁迅虽然也支持这个刊物，并经常写稿，却从不出席他们每月一次的饭局。后来，鲁迅挖苦他们，人们可以经常从东安市场中的茶居或饭铺的雅座门前，"看见挂着一块上写语丝社的木牌。倘一驻足，也许就可以听到疑古玄同先生的又快又响的谈吐。但我那时是在避开宴会的，所以毫不知道内部的情形。"（《三闲集·我和〈语

丝〉的始终》）

　　《语丝》刚刚创刊，《现代评论》派的诗人徐志摩及胡适等人便挤进来写稿，而且《语丝》社也有人支持他们进来。于是鲁迅在一九二四年十二月作《音乐》一文，在《语丝》上给以一击。鲁迅说："《语丝》一出版，他（指徐志摩）也就来了，有人赞成他，登了出来，我就作了一篇杂感，和他开一通玩笑，使他不能来，他也果然不来了。这是我和后来的'新月派'积仇的第一步；语丝社同人中有几位也因此很不高兴我。"（《集外集·序言》）显然这不高兴的人中就包括有钱玄同。

　　这种思想上的隔阂是愈来愈深了，此后，鲁迅与钱玄同几乎没有什么往来。到了一九二六年八月二十六日，鲁迅因受军阀的迫害，不得不告别居住多年的北平而南走厦门，那天到前门火车站来送行的有许寿裳、许钦文等人，而老同学和昔日的战友却不来送别了。

十　"人过四十该枪毙"

　　钱玄同在宁静的北平，把自己禁锢在书斋里享受学者的清福。他对一切新文学都漠然视之，不看新小说，不看新剧，更不看电影，连有声电影第一次在北平出现，轰动了九城，他都不屑一顾。

鲁迅曾经批评过钱玄同：一般人"十分话最多只须说到八分，而玄同则必说到十二分。"（黎锦熙：《钱玄同先生传》）钱玄同果然有言过其实的毛病，这也是一种形而上学。当他还很激烈的时候，曾认为中年以上的人便多固执和专制了，因此愤言："人到四十就该死，不死也该枪毙。"这也不过是一句"十二分"的话而已，近于哗众取宠。到了一九二七年九月十二日，正当钱玄同四十周岁的时候，他周围的几名教授学者便发动为其祝寿，还无聊地要在《语丝》杂志上编一本"钱玄同先生成仁专号"。这些名流是胡适、周作人、刘半农等人。他们果真写就讣告、挽联和挽诗，以及悼念文章，原计划在《语丝》第一四八期上发表，后来终于没有编成。但，这出未能上演的闹剧也曾传到外地，有人信以为实，还打电报到北平来慰问钱氏家属。

钱玄同与胡适博士，此时已成为知己，同属鲁迅所嘲讽的"京派文人"之列。胡适早就对钱玄同说："好，等你到了四十岁，我将送你一首诗，叫做手枪！"（章衣萍：《枕上随笔》）尽管专号未能印行，胡博士于心不甘，还是作了《亡友钱玄同先生成仁周年纪念歌》。此诗不容易见到，又可为鲁迅的《教授杂咏》作注，今从《枕上随笔》中转录如下：

该死的钱玄同,怎会至今未死!
一生专杀古人,去年轮着自己。
可惜刀子不快,又嫌投水可耻,
这样那样迟疑,过了九月十二,
可惜我不在场,不曾来监斩你。
今年忽然来信,要做"成仁纪念",
这个倒也不难,请先读《封神传》。
回家先挖一坑,好好睡在里面,
用草盖在身上,脚前点灯一盏。
草上再撒把米,瞒得阎王鬼判,
瞒得四方学者,哀悼成仁大典。
今年九月十二,到处念经拜忏,
度你早早升天,免在地狱捣乱。

鲁迅先生看到了当年"五四"时代一些伙伴的落伍,却没想到他们竟无聊至此。这给他留下难忘的印象,所以后来他写《教授杂咏》时,开头便是:"作法不自毙,悠然过四十。"他感叹这些文人学士面对中国人民的流血牺牲不闻不顾,却制造如此恶趣,玩弄文字游戏!更可怜的是钱玄同,他咒骂别人过了四十该枪毙,而他自己早已"多固执而专制"了。

一九三〇年,胡适四十岁生日,钱玄同又亲笔为胡适书写"寿序"《敬书胡适寿酒》。他同周作人等一起,称赞胡博士是新文化运动"斩将搴旗的先锋"。悲哉,钱玄同!他已经忘记,当一九一七年他作为一个战士时,在《新文学与今韵问题》一文中所痛斥的:"我以为这些什么'寿序''祭文''挽诗''墓志'之类,是顶没有价值的文章。……惟有这一类的文章,应该绝对的排斥消灭。'寿序'一类,就是选学家,桐城派也晓得不该做。"历史多么无情,钱玄同以自己的言行否定了过去,他连选学家和桐城派都不做的事也做了。一九三〇年三月二十七日,鲁迅致章川岛的信中,谈及北京的旧时相识时说:"据我所见,则昔之称为战士者,今已蓄意险仄,或则气息奄奄,甚至举止言语,皆非常庸鄙可笑,与为伍则难堪,与战斗则不得,归根结蒂,令人如陷泥坑中。"

一九三一年,钱玄同计划编文集《疑古废话》,认为自己在《新青年》时期的文章能够入选的极少,一笔抹去过去的战斗锋芒,竟说"简直完全要不得"!这种倒退怎能不令人痛心。

十一　关于"疑古玄同"

"五四"以后,钱玄同废姓而改名"疑古玄同"。这个名号正是他思想落伍的表征。

我们在一九二三年一月《晨报副镌》上,可以找到钱玄同以"疑古"的笔名所写的杂感;到了一九二五年八月,他才弃姓而改称"疑古玄同"。这是根据钱玄同的老友顾颉刚在《古史辨》第一册"附记"中所讲的。可以肯定的是,"五四"时期"疑古"或"疑古玄同"尚未出世。过去不少同志认为"疑古"这个名号是代表他"五四"时思想的激烈,甚至是为了表示对过去的批判才用此名就不合适了。倒是"王敬轩"和"金心异"这两个名字,才能让人们想到他"五四"时期的战斗业绩。

"疑古"并不意味着对过去的批判,它是历史考据学的一个流派,是指历史学家在整理古籍时的一种治学方法。"疑古"的内容主要是考辨史书的真伪,修订旧训的伪失,校勘文字传写当中的伪误。这在封建时代学术流派的发展上有过进步作用。钱玄同的"疑古"并非为了反古,相反地倒是为了尊古和信古,他只是在治学方法上主张不要泥古,要大胆怀疑,小心地求证。这正是胡适所鼓吹的实用主义的资产阶级口号。在这种理论的指导之下,胡适就怀疑过屈原其人的存在，否定《离骚》；有人又怀疑禹的存在，并考证出治水有功的大禹不是人而是一条虫罢了。对此，鲁迅先生曾经为文给以嘲讽。

一九二九年五月，鲁迅先生第一次回到北平省亲，他与钱玄同偶然相遇。当时鲁迅写信给许广平说："往孔德学校去看旧书，遇金立因，胖滑有加，唠叨如故，时光可惜，默不与谈。"（《两地书》）从当年两人一见面就谈个不休，到如今的相对无言，这变化多么耐人寻味。

鲁迅回到上海，遇到另一位老同学许寿裳，曾经谈起这次在北平与钱玄同的巧遇。许寿裳在《亡友鲁迅印象记》中记录了鲁迅的自述："我为了要看旧小说，至孔德学校访隅卿，玄同忽然进来，唠叨如故，看见桌上放着一张我的名片，便高声说：'你的名字还是三个字吗？'我便简截地答道：'我的名片从来不用两个字，或四个字。'他大概觉得话不投机，便出去了……"

鲁迅当面表示了对钱玄同这一名号的不以为然，也是对他鼓吹和提倡疑古理论的反感。其时钱玄同到处题字作书，十分炫耀这四个字的名号，万没想到鲁迅竟率直地当面给以击刺。

一九三三年，鲁迅与郑振铎合编《北平笺谱》时，序文要手书制版，鲁迅于十一月三日特别写信给郑振铎，嘱咐他："我只不赞成钱玄同,因其议论虽多而高,字却俗媚入骨也。"在同年十二月二十七日致台静农的书信中也说:"此公夸而懒,又高自位置。"字也"无足观"。若说鲁迅对钱玄同的字反感,更不如说是厌恶其人。

一九三四年,周作人在林语堂主办的《人间世》上发表了五十自寿诗,怡然自得地赞赏自己闲适无为的生活。紧接着,钱玄同、刘半农等人也在刊物上纷纷发表和诗,热闹了一阵子。钱玄同的和诗是这样写的:

但乐无家不出家,不归佛法没袈裟。
推翻桐选驱邪鬼,打倒纲伦斩毒蛇。
读史敢言无舜禹,谈音尚欲析遮麻。
岁寒凛冽怀三友,蜜橘酥糖普洱茶。
要是咱们都出家,穿袈是你我穿裟。
大嚼白菜盘中肉,饱吃洋葱鼎内蛇。
世说新语陈西瀣(幽默),藤阴杂记烂芝麻。

鲁迅先生曾经感慨地说:"周作人自寿诗,诚有讽世之意,然此种微辞,已为今之青年所不憭,群公相和,则多近于肉麻……"(《致曹聚仁》1934年4月30日)

鲁迅与钱玄同的距离是越来越远了。

十二　反对辩证法

五四运动以后，特别是中国共产党成立以后，马克思主义在中国的传播和所产生的巨大影响，已经是一股不可抗拒的潮流。

钱玄同自以为是与世无争的学者，其实在政治观点上已经同反对马克思主义的逆流站在一起。三十年代，他对鲁迅在上海从事的革命文艺活动极为反感。他讽刺鲁迅为"左翼公"和"左公"。（钱玄同：《致周作人》1930年8月19日，原件现藏鲁迅博物馆）当钱玄同的老朋友黎锦熙在研究语文问题时用了哲学上的一些名词，如"矛盾""统一""辩证法"之类，他便摇头晃脑地不以为然，荒谬地认为这是"赶时髦"，"未免太摩登"。他反对在大学课堂里讲授辩证法。三十年代初，苏联莫斯科大学和列宁格勒大学派来两位教授，在北平要求见钱玄同，想了解文字改革的拉丁化问题。钱拒而不见。他不见的理由最主要的一条是："主义不同"！显然，钱玄同是不赞成共产党和马克思主义的，这也证明他在政治上并不是没有主义的。

一九三四年，上海文化界讨论关于大众语运动问题，进步文化界都参加了这场讨论。在讨论中有人曾经提倡大众说得出，听得懂，看得明白，写得顺手的拉丁化的中国字。鲁迅是支持这个讨论并积极参加了这个运动的。他连续发表了《答曹聚仁先生信》《门外文谈》《汉字和拉丁化》《中国语文的新生》《关于新文字》等文章。鲁迅认为:"中国人要在这世界上生存,那些识得《十三经》的名目的学者,'灯红'会对'酒绿'的文人,并无用处,却全靠大家的切实的智力,是明明白白的。"(《且介亭杂文·中国语文的新生》)在《关于新文字》中提出了钱玄同等人的主张不可行,鲁迅认为以前的注音字母和国语罗马字拼法也还是麻烦的,讲四声,重官话,不合乎实用,是没有前途的文字。"这是学者创造出来的字,必须有学者的气概。"(《且介亭杂文》)鲁迅主张的则是"劳动大众自己的东西"。

钱玄同拒不参加这次讨论,还劝别人不要理睬这次讨论。他竟诬蔑这次讨论是"醉翁之意不在酒",认为这不是学术问题,不是讨论文字改革,攻击参加这次讨论的左翼文化界"断断不肯在语文学理范围内来平心讨论",而是共产党的"宣传",或是"拉丁化宣传者的外围工作"。他诬蔑那些试图用马克思主义观点来参加讨论问题的人是"早成定局,是机械,无理智"。他表示自己早已"鸣金收军",不会上当的。当有人向他提出可以参加讨论,考虑拉丁化新文字与国语罗马字合力共同进行改革时,他顽固地表示:"若果如此,就连国语罗马字一并牺牲!"他宁肯不要国语罗马字,也要与进步文化界势不两立,钱玄同的这种爱憎不是也很鲜明吗?这就证明,过去他常讲的国语罗马字与政治无干,是纯学术问题等等,完全是虚伪的,暴露了他不赞成马克思主义的立场。

一九三六年,鲁迅在病中答访者问时说:"目前,新文字运动的推行,在我国已有成绩,虽然我们的政治当局,已经也在严厉禁止新文字的推行,他们恐怕中国人民会聪明起来,会获得这个有效的求知新武器,但这终然是不中用的!我想,新文字运动应当和当前的民族解放运动,配合起来同时进行,而进行新文字,也该是每一个前进文化人应当负起来的任务。"(《中国现代文艺资料丛刊》第 1 辑《鲁迅访问记》)

鲁迅的这些主张,实际上也是对坚持文字改革必须与政治分家的钱玄同的有力批判。

十三 又一次交锋

一九三二年十一月,鲁迅第二次北上探亲。

那时候日本帝国主义已占领我东北三省,侵略的魔爪正进一步伸进关内;蒋介石反动政府则步步退让,计划要把整个华北拱手让给日本。当时,正积极投入反对卖国投降斗争的北平人民,听说鲁迅先生到了北平，争先打听鲁迅的消息，各大学的青年学生更纷纷邀请鲁迅先生到校讲演。鲁迅先生在北平作了著名的"北平五讲"。

鲁迅先生的这次北来也给敌人带来恐惧和惊慌。国民党北平市政当局如临大敌，出动了大批警察和特务。他们一方面监视着鲁迅的行动，一方面要乘机加害于先生。

御用学者如胡适之流也跳了出来。当鲁迅到达北平的第二天，胡适就急不可待地向报界发表谈话，别有用心地攻击鲁迅"又卷土重来了"！意在向政府献策告密。跟在胡适后边疯狂地反对鲁迅的还有钱玄同。

当时钱玄同在北平师范大学担任国文系主任。同学们想请鲁迅来校讲演，不知鲁迅的地址，便满怀信心地去问钱玄同。没想到，钱玄同"好像炸弹爆裂了似的叫嚷：'我不知道！我不认识有一个什么姓鲁的！'"当同学们不顾他这种无赖态度，决定自行设法去找鲁迅先生的时候，他又威胁学生说："要是鲁迅到师大来讲演，我这个主任就不再当了！"同学们当然不听他的恫吓。见到鲁迅先生时，同学们把钱的种种丑态告知先生，鲁迅深沉地说："钱玄同实在嚣张极了！"（含沙：《鲁迅印想记》）

鲁迅先生终于冲破重重阻力，在十一月二十七日到北平师范大学作了一次露天讲演，给战斗的北平青年以极大的鼓舞。这次讲演震惊了反动派，当然亦使钱玄同狼狈不堪。

钱玄同反对在大学课堂里讲授马列主义时说过："头可断，辩证法不可开课。"每当学生们参加爱国运动时，钱玄同总是站在政府和学校一方，无理谴责和镇压青年学生。黎锦熙先生当年曾经错误地表扬过钱玄同："重视法令，不越规矩，忠义耿耿，即如在师大一遇波澜，力与维护。"黎先生的话从反面给我们提供了证明，钱玄同站在了青年的对立面。

鲁迅对于钱玄同等人的变化感触极深，他说："北平诸公，真令人齿冷，或则媚上，或则取容，回忆五四时，殊有隔世之感。"（《致台静农》1934年5月10日）他南返以后，便写了一首讥讽钱玄同的诗：

作法不自毙，悠然过四十。
何妨赌肥头，抵当辩证法。

这首诗就好像是鲁迅第二次北来与钱玄同交锋后的小结，给这位当年的"老同学"画了一幅绝妙的肖像。鲁迅还说过：南北统一后，"正人君子"们树倒猢狲散，离开北平，而他们的衣钵却没有带走，被先前和他们战斗的有些人拾去了。

钱玄同的叫嚣阻挡不住历史潮流的前进,也无损于鲁迅的战斗。鲁迅早就看穿这伙京派文人的嘴脸。因为在这同时,钱玄同他们也采取谣言惑众的方式来中伤鲁迅。他们胡说鲁迅在上海发了疯,患了"迫害狂";鲁迅的《狂人日记》所以写得好,其原因就在于鲁迅有"迫害狂"的底子!

当有些谣言传到鲁迅耳边的时候,鲁迅先生说:"贱胎们一定有贱脾气,不打是不满足的。"于是他做了《我和〈语丝〉的始终》,算是"赠与他们还留情面的一棍"。这些话见于一九三〇年二月二十二日鲁迅给川岛的信。在这封信中更无法掩饰他对钱玄同的憎恶:"疑古玄同,据我看来,和他的令兄一样性质,好空谈而不做实事,是一个极能取巧的人,他的骂詈,也是空谈,恐怕连他自己也不相信他自己的话,世间竟有倾耳而听者,因其是昏虫之故也。……疑古和半农,还在北平逢人便即宣传,说我在上海发了疯,这和林语堂大约也有些关系。我在这里,已经收到几封学生给我的慰问信了。但其主要原因,则恐怕是有几个北大学生,想要求我去教书的缘故。"

"语丝派的人,先前确曾和黑暗战斗,但他们自己一有地位,本身又便变成黑暗了,一声不响,专用小玩意,来抖抖的把守饭碗"。鲁迅还提到,其中有几个人"还须特别打几棍,才好"。不知这需要"特别打几棍"的人中可有钱玄同。

鲁迅与钱玄同之间的矛盾绝不是个人之争。鲁迅说过:"我觉得自己倒是从来没有因为一点小事情,就成友或成仇的人。"钱玄同的倒退代表了他阶级的局限,正如毛泽东同志所分析的那样,资产阶级思想在"五四"时期也批判孔学,要求科学和民主,但是,他们"只能上阵打几个回合,就被外国帝国主义的奴化思想和中国封建主义的复古思想的反动同盟打退了"。(《新民主主义论·中国文化革命的历史特点》)钱玄同的倒退绝不是偶然的。

战士终归是战士,鲁迅先生在阶级斗争的暴风雨中迎受着考验,在斗争中逐渐成长为一个坚强的马克思主义者。钱玄同"以自己的沉默,证明着革命的前行"。两位"老同学"所走的道路,以及他们的变化,对于所有要求进步的知识分子来说都是一个深刻的教育。

十四　耿耿于怀的谬评

鲁迅先生逝世以后,钱玄同也写了一篇追悼文章《我对于周豫才君之追忆与略评》,载于一九三六年十月二十四日出版的《师大月刊》第三十期。

钱玄同把他同鲁迅的交往划分了三个时期:

一九〇七—一九一六,关系"尚疏";

一九一七—一九二六,关系"最密";

一九二七—一九三六,关系"极疏——实在是没有往来"。

实际情况,大体如是。钱玄同也谈到当年"竭力怂恿"鲁迅为《新青年》写稿的事:"我常常到绍兴会馆去催促,于是他的《狂人日记》小说居然做成而登在第四卷第五期里了。自此以后,豫才便常有文章送来……"这个事实,人们不会忘记的。对于鲁迅的《中国小说史略》,钱玄同仅给以学术上的评价:"此书条理明晰,论断精当,虽编成在距今十多年以前,但至今还没有第二部书比他更好的(或与他同样好的)中国小说史出现。……实可佩服。"

钱玄同耿耿于怀的是一九二九年鲁迅北上探亲时当面对他的嘲讽,以及鲁迅在信中批评他的"唠叨如故"。钱玄同说:"我想,'胖滑有加',似乎不能算作罪名,他(指鲁迅)所讨厌的,大概是'唠叨如故'吧。不错,我是爱唠叨的,从二年(一九一三)秋天我来到北平,到十五年(一九二六)秋天他离开北平,这十三年之中,我与他见面总在一百次以上,我的嘴很爱'唠叨',但那时他似乎并不讨厌,因为我固'唠叨',而他也'唠叨'也。不知何以到了十八年(一九二九)我'唠叨如故',他就要讨厌而'默不与谈'。……"到这时,钱玄同还不觉悟他与鲁迅分道扬镳的真正原因,似乎也不明白今日之钱玄同已非昔日之钱玄同了!

对于鲁迅在上海的十年搏战,钱玄同是不想多说的,他只表示"实在隔膜得很"。这也是很自然的,道路不同,思想歧异,他俩早已经没有什么共同语言了。

钱玄同是怎么"略评"鲁迅的呢?

他谬评了六点:

一、校勘古书或翻译外籍,治学最谨严,青年应效法;

二、治学不粗制滥造,青年应效法他的"潜修"精神;

三、作品"于改革社会是有极大用处的"。但,仅限于《新青年》时代的"随感录"和小说《狂人日记》《阿Q正传》《药》等。

他认为,这三点是鲁迅的所谓"长处"。这种貌似公允的态度,完全是在掩饰他那荒谬的评论,至少他对鲁迅的后期战斗生活完全持了否定的态度,妄想把鲁迅歪曲成一位纯粹的学者。

关于鲁迅的"短处",钱玄同唱着现代评论派的"正人君子"们的老调,胡说鲁迅:一、"多疑";二、"轻信";三、"迁怒"。他诬蔑鲁迅"善甲而恶乙,但因甲与乙善,遂迁怒于甲而并恶之"。含沙射影地攻击鲁迅对他"动了不必动的感情",辩解自己只不过是同胡适、周作人相友好,鲁迅便迁怒于他。

钱玄同这篇回忆文章证明他的思想始终没有觉悟,是心甘情愿地与胡适、周作人等站在一起。所以,连收集资料最完备的《鲁迅先生纪念集》一书亦不收他的这篇文章。其实,作为资料,找来读一读还不是无益的。

十五　终于保持了晚节

抗日战争爆发以后,北平沦陷了,钱玄同未能离开这座古城。

此时,他仍然是"苦雨斋"主人周作人的相知,彼此视为"畏友"。他们充耳不闻侵略者的枪炮声,不时互相酬唱,玩弄旧时文人的清趣。在烽火连天中,钱玄同曾邀周作人为他书写《饼赋》,因为他又雅兴大发,别号"饼斋"。这时,周作人正在制造口实,一步步地要落水投敌了,他却恭维周作人具有"宁静乐天之胸襟"。一九三九年元旦,周作人被枪狙,钱玄同表示"骇异之至,竟夕不宁"。一月十四日,又驰书慰问并致赞美之词:"老兄近数年来之作风颇觉可爱。"

但是,尽管如此,我们应该看到钱玄同在对待日本帝国主义的态度上还是保持了爱国主义的立场。他坚持抗日,既没有出卖民族气节,更没有像周作人那样落水求荣。

早在一九三一年"九一八"事变以后,钱玄同出于爱国立场便拒绝同日本人来往，即使是一般的日本语文学者，他也不再接触。甚至在宴会上，凡有日本人参加，他都坚不出席。到了一九三三年，日军侵我秦皇岛，并节节进逼平津，而国民党反动政府又屈膝投降地签订了塘沽协定之后，钱玄同更远避日本人，平时谈话提到了日本便用"我们的敌人"来代替。固然，他这样把日本人民同日本军国主义者混为一谈是不对的，但是他对侵略者的疾恶如仇和势不两立的态度，还是十分感人的。

一九三八年，钱玄同恢复旧名钱夏，就寓有希望早日恢复我中华土地，不愿做亡国之民的意思。他在敌伪统治下的北平闭门谢客，曾寄语大后方的友人："钱玄同决不污伪命。"表示自己决不与敌伪同流合污，决不出任伪职，表现了高尚的民族气节。

一九三九年一月十七日，这位"五四"时期为人注目一时，也颇激烈过的钱玄同因脑溢血而寂寞地逝世了。

同年五月七日，迁往陕西汉中的师大的同事们，即以西北联大的名义为一生从事教育工作的钱玄同开了一个追悼会。国文系的同人还以"清酒香花"作为奠仪，怀念他"五四"当年与"桐城谬种""选学妖孽"作殊死战的历史功绩。

当时在西北联大的许寿裳，还为钱玄同写了一副挽联。他联想到当时的民族危难，国土的沦亡，想到了老同学鲁迅、钱玄同的相继故去；想起当年他在日本东京时期，与鲁迅、钱玄同等风华年少，共议国事，同窗就读的情景……他写道：

滞北最伤心，倭难竟成千古恨；
游东犹在目，章门同学几人存。

钱玄同走过了他曲折的一生。现在，我们仅仅从他与鲁迅交往的这一个线索上，也能看到他的思想从激烈到落伍的悲剧的结局。我的这篇文字不是对钱玄同思想学术的全面研究，所见的资料也很少，因此难免有错误或不妥之处。但是在叙述了鲁迅与钱玄同的友谊之后，可以深刻地感到鲁迅先生的伟大。他的脉搏永远同人民在一起跳动，他热爱战斗的伙伴，但也毫不恋惜那些远隔人民，脱离了时代的昨日的战友。我们应该像鲁迅先生那样，永远跟随着时代前进，永不迷航，永不掉队！

1978 年 9 月

"无日不处忧患中"
——章太炎、鲁迅在北京

一

章太炎和鲁迅几乎是同时到达北京的。

那是一九一二年的五月,鲁迅于五日到北京。第二天便由客店搬到山会邑馆去住。太炎先生也是五月初到北京的,七日北京统一党人在虎坊桥的湖广会馆为他召开了欢迎大会。章太炎住在蒙古实业公司。

此时民国刚刚成立,袁世凯已经篡夺了辛亥革命的胜利果实,而章太炎对他还存有幻想,看不透他的野心。这次北上是为党务而来,章太炎曾两次往谒袁世凯,而在发言中又有攻击同盟会,反对孙中山、黄兴的言辞,遭到南北舆论的谴责。所以袁世凯在表面上对他还是以礼相待的。

七月二十三日,太炎先生离开北京去湖北,联络黎元洪。几乎是在同时,鲁迅于七月二十二日写定悼念范爱农的《哀诗三首》。他那时已经看清了袁世凯绝不是一个民国革命的志士,而是野心勃勃的阴谋家。诗中"狐狸方去穴,桃偶已登场"。明确写到当时的政局。对于章师的言论，鲁迅肯定在报刊上已经读到了，所以后来他在《华盖集》的《补白》里曾经写道："民国元年，章太炎先生在北京好发议论，而且毫无顾忌地褒贬。常常被贬的一群人于是给他起了一个绰号，曰'章疯子'。其人既是疯子，议论当然是疯话，没有价值的人。"鲁迅先生当然是站在爱护老师的立场上，反击那些诬蔑太炎先生的人。

九月初，太炎先生从湖北回到北京，住在贤良寺。这一次在湖北毫无所得，对于袁世凯也有了微辞，甚至同袁政府内的张謇等人也发生了矛盾。这些言论，恰如鲁迅先生说的，"也仍在他们的报章上登出来，不过题目特别，道：《章疯子大发其疯》。"（《华盖集·补白》）袁世凯正筹着处置这个好发议论的眼中钉。

十二月二十二日，这天的《鲁迅日记》上记载："星期休息。同季市赴贤良寺见章先生，坐少顷。"鲁迅同许寿裳，当年同在日本拜于章氏门下学《说文解字》，现在同在教育部任事。据许寿裳先生后来回忆，他不止一次地同鲁迅相偕而行，同谒恩师。有的鲁迅在日记里记载了，有的则未记。我怀疑这次去看太炎先生，也许有送别老师出京之意，因为第二天统一党即在本部开会，欢送章太炎出任东三省筹边使。这个差事是袁世凯任命的，总算找个机会把这个"章疯子"送出关外。十来天后，太炎先生就出京赴任了。

说到鲁迅去看太炎先生的贤良寺,地点在东安门内帅府胡同路北,即现在的煤渣胡同。原来是清恰亲王的旧府。恰亲王是康熙皇帝的十三子,雍正时任议政。贤良寺旧址早已不存,现在建成了高楼。

也就是在看过章师的三天以后,鲁迅也见到了袁世凯。十二月二十六日的《鲁迅日记》记载:"积雪厚尺余,仍下不止。晨赴铁狮子胡同总统府,同教育部员见袁总统,见毕,述关于教育之意见可百余语,少顷出。"鲁迅对袁的冷淡于此可见。关于这次会见,当年鲁迅的同事林冰骨先生在一九五六年十月六日的《人民日报》副刊上,发表了一篇《我所记忆的四十五年前的鲁迅先生》,恰可以补足《鲁迅日记》所未记,表明鲁迅对袁世凯的讥冷态度。林文说:"袁贼以北方官僚枭雄,因缘时会窃柄国政之后,其志只在镇压革命党人,便于他的盗国称帝,他对于教育事业自然是漠不关心的。但为了装腔作态,他于一九一二年在总统府召集教育部同人讲话,袁贼那天的说辞虽然空洞冗长,但除去反复说他以前在北洋大臣任内曾编辑教科书数种来自我夸耀外,对于民国的新教育的方针和宗旨便毫无认识,在坐的我同鲁迅先生他们也只好相视一笑。"鲁迅先生身为教育部职员,一向厌恶官场生活,这次出于无奈去见总统,当是苦不堪言。

二

袁世凯紧锣密鼓地加紧复辟活动，一九一三年三月他秘密杀害了宋教仁，这使远在东北的章太炎十分震惊，从此更进一步地认识了袁世凯的本来面目。他开始公开谴责袁世凯。五月他回到了北京，狡猾的袁世凯还虚与周旋，诡称清朝的命运早已过去了，什么人还敢推行帝制！稍后章太炎赴沪，六月正式提出辞呈，不再担任袁政府的筹边使，同时在上海宣传反袁。八月十一日，他又抱着闯虎穴、赴患难的精神重返北京，住在化石桥的共和党本部。他幻想袁世凯不敢如何，没想到他这次一到北京，袁世凯便布置军警，把他软禁在共和党本部了。

名士大儒究竟是书生本色，怎敌得过武装强权，太炎先生只好在幽居中大书"袁贼"二字，以泄心中的气愤。同时着手修改他的学术文章《小学答问》《文始》，还将《文始》手写本影印刊行。鲁迅当然知道章师的处境，也关切章师的学术活动，不仅找来《小学答问》多册，也在搜寻《文始》。一九一三年九月四日《鲁迅日记》记载："上午从稻孙索得《文始》一册。是照原稿石印者。"《小学答问》和《文始》都是讲文字源流和音韵之学的，鲁迅对于老师著作的这种热情不减当年。

老师被囚禁,而鲁迅先生对于教育部的生活也是"极无聊赖"的。北京处在袁世凯的高压之下,密探网布,民不聊生,亦似一个无形的大监狱。一九一三年十月一日鲁迅在日记里愤然写道:"无日不处忧患中,可哀也。"这感触是同老师共鸣的,同样的是一种无法排解的痛苦。十月六日,袁世凯以军警数千人包围了国会,强迫选他为正式总统。十日的《鲁迅日记》里记载:"午闻鸣炮,袁总统就任也。"这也是一种无言的哀痛。此刻,太炎先生难以平泄胸中的郁闷,写诗哀叹:"京洛多零露,举酒增炽忧。灼灼此明月,皎皎当危楼。"(《八月十五夜咏怀》)甚至在十月二日的《家书》中说:"都中豺狼之窟,既陷于此,欲出则难纵驱,委命无此耐心,故辄愤愤图自决耳。"也许这时他已经萌生了绝食的念头吧。

只有离开北京,逃脱袁家天下还能有生路。一九一四年一月,太炎先生毅然出走,结果在前门车站还是被袁家的军警所阻,押回化石桥。几天以后,忍无可忍的章太炎前往总统府,求见袁世凯。袁拒而不见,章则大闹总统府。这就是鲁迅先生在临终前为老师的壮举留下的名句:"考其生平,以大勋章作扇坠,临总统府之门,大诟袁世凯的包藏祸心者,并世无第二人。"老师的这个行动留给学生的印象太深了。

这一次袁世凯更加不客气了,把章太炎骗上了车,硬给送到比较偏僻的西南郊龙泉寺去。在这里更便于监禁囚者,不仅有军警包围,连仆役人等也都是专门找来,负有监视的任务。袁世凯政事无能,搞特务活动还是有一手。古今来一切腐败的政府,都是妄图靠这一手来维持天下的。太炎先生又只好在龙泉寺读书、写作,偶有来访者,也只能是来谈学问的弟子钱玄同、朱希祖诸人。这些都是鲁迅的同学,彼此亦时相往来,所以太炎先生在龙泉古寺的情形,鲁迅先生不可能不知道。只是在《鲁迅日记》里不见记载。

六月初,太炎先生实行绝食斗争。据记载是由医生劝赴东城本司胡同的医院住了下来。七月又搬到东四钱粮胡同居住。这时囚禁生活并没有变,只是换了个地方,形式上像是个住宅,而偌大一所宅院里主人只有一人,却住着不少军警,或化装为仆役的军警。这所房子正房七间,东西厢房各五间。往来人等要经警卫允许,信件要通过检查。凡是不利袁世凯的言论不准外流或销毁,凡是与政治无关的学术文章则无妨,袁世凯还是害怕太炎先生的影响,以及他手中的那支笔。

鲁迅先生不止一次到过钱粮胡同。一九一四年八月二十二日《鲁迅日记》记载:"午后,许季市来,同至钱粮胡同谒章师,朱逷先亦在,坐至旁晚归。"朱逷先即朱希祖,曾在杭州浙江两级师范学堂任教,同鲁迅一起参加了"木瓜之役"。当时在北京任清史馆编修,后来又在北京大学与鲁迅同事。鲁迅等弟子的来访,给老师增加了不少安慰,章太炎在稍后的《家书》中写道:"尔来一二门人半集都下,日间谈论,尚不寂寞,唯中夜深思,忧心转恻,星河鉴影,谁与为言?"(《家书》1914年9月10日)

袁世凯哪里知道人是可以关住的,心却关不住。太炎先生的革命之志,反而在囚禁中更加坚决了。

三

鲁迅先生并没有忘记幽居中的老师。一九一五年一月三十一日《鲁迅日记》记载:"午前,同季市往章先生寓,晚归。"这一次又是与学兄许寿裳同往的。何以要在老师面前停留一整天?是慰老师的寂寞,还是同老师共同研讨学问,要么是在一起痛垢袁世凯的无道?

半个月后,二月十四日是旧历新年,鲁迅又到钱粮胡同给老师拜年。这天的《鲁迅日记》里写道:"旧历乙卯元旦,星期休息,上午季市来,交与银三百元。午前往章师寓,君默、中季、遏先、幼舆、季市、市初皆至,夜归。"这一次陪着老师过春节,又待了一整天。"君默"是沈尹默,当年在杭州与鲁迅相识,其时在北京大学任教,后来是全国著名的书法家。"中季"是钱玄同,当年与鲁迅同听太炎先生讲文字学,其时在北京高等师范学校附中教国文。"幼舆"是马幼渔,也是与鲁迅听章师讲课的同学,其时在北京大学任教。"彝初"则是马叙伦先生,他曾上书袁世凯,要求给章太炎恢复自由。据有关史料记载,四月初太炎先生又一次绝食时,还是由于马叙伦先生的劝解方才进食。当然,还有一个原因是太炎先生的长女㲃来京,同时女婿龚未生也来了。龚未生当年也是与鲁迅同时听讲的同学。

鲁迅既关切着老师的命运,也看重老师的学术著作。本来钱稻孙、朱希祖各自送了他一本《文始》,可在一九一五年四月十八日的《鲁迅日记》里还记着:"午后至劝业场访《文始》,得之,买一册,银一元五角。"仿佛很愉快的样子。两个月后,他又寄一本《文始》给远在绍兴的二弟周作人。五月二十九日《鲁迅日记》记载:"下午同许季市往章师寓。"这是鲁迅来探望停止绝食不久的太炎先生,他们到底谈了些什么已不可知,但是可以猜想到鲁迅可能向老师求过书法,或许老师当时正在写字,或者看到墙上张贴有老师的书法而有所议论。因为半月之后,六月十七日的《鲁迅日记》里便记载着:"下午许季市来,并持来章师书一幅,自所写与;又《齐物论释》一册,是新刻本,龚未生赠也。"太炎先生送给鲁迅的字保存了下来，而且最早在一九五六年十月号的《文艺报》上还影印发表过原件。太炎先生为弟子写了《庄子·天运》篇中的几句："变化齐一，不主故常，在谷满谷，在坑满坑。涂却守神，以物为量。　书赠豫才。　章炳麟。"庄子主张天道是自然之道，是不断变化，不拘泥于旧规的，循其自然，顺之者成。这里面有一点朴素的辩证法，也许借来针对袁世凯的逆天道而行事最终必败。其时袁世凯在筹安会成立之后，更明目张胆地进行恢复帝制的活动。太炎先生报国无门，忧愤至极，他以七尺宣纸悲愤地写下"速死"两个大字，悬于堂屋之中。很多人都见过这幅不寻常的大字，当然也给鲁迅先生留下深刻的印象。一九三六年九月二十五日他写信给许寿裳说："今太炎先生诸诗及'速死'等，实为贵重文献，似应乘收藏者多在北平之便，汇印成册，以示天下，以遗将来。"鲁迅所怀念的还是老师的革命业绩。

传说这"速死"二字，也给太炎先生的长女㸚带来刺激。她悲悯父亲的幽禁生活，又日日触目"速死"大字，终于在九月之夜自缢而死。九月十九日的《鲁迅日记》记载："得龚未生夫人讣，章师长女，有所撰《事略》。"所谓《事略》，是指太炎先生写的《亡女㸚事略》，那是一篇极为感人的沉痛文字。九月二十六日，鲁迅先生又来到钱粮胡同，这天的《鲁迅日记》是这样写的："星期休息。上午寄二弟信……。往钱粮胡同吊龚未生夫人,赙二元。"国事家事,愁肠满怀,估计师生相见也难对言。

这一年的十二月十二日袁世凯宣布承受帝位。第二天他就在居仁堂粉墨登场,接受"百官朝贺",扮演了一幕历史的大丑剧。

四

一九一六年洪宪元年,帝制已成众矢之的,袁世凯已成为全国声讨的对象。六月六日,袁世凯这个显赫一时的庞然大物终于一命归天。八日章太炎被释。这时候的太炎先生已经从切身的教训中清楚地认识到,现在讨伐袁世凯远不是讨伐袁逆一人,而且应该严惩追从袁逆的诸奸。六月十五日的《鲁迅日记》记载:"上午部派赴总统府吊祭,共五人。"这是为袁世凯送终,其中滋味是可以想见的。六月二十八日《鲁迅日记》里又记载:"风。袁项城出殡,停止办事。"鲁迅先生照旧去逛琉璃厂书肆,夜里有一场雷雨。

大丑剧结束了。章太炎没有赶上袁世凯出殡,他在头三天便匆匆地离开了囚居三年的北京。先到天津,然后乘了"奉天轮"直达上海而去。

从此师生相别,各走自己的路,相见也更难了。一九三三年六月十八日鲁迅在给曹聚仁的信中说："太炎先生曾教我小学,后来因为我主张白话,不敢再去见他了,后来他主张投壶,心窃非之,但当国民党要没收他的几间破屋,我实不能向当局作媚笑。以后如相见,仍当执礼甚恭(而太炎先生对于弟子,向来也绝无傲态,和蔼若朋友然)。自以为师弟之道,如此已可矣。"在鲁迅的心中总是记着:"太炎先生是革命的先觉,小学的大师。"(《且介亭杂文二集·名人和名言》)所以当一九三六年六月太炎先生病逝以后,有的人只奉先生为国学大师的时候,作为学生的鲁迅就大不以为然。他抱病写了《关于太炎先生二三事》,而《因太炎先生而想起的二三事》更成为未能竟篇的绝笔文章,两天以后鲁迅先生也与世长辞了。

鲁迅先生在这两篇文章中对章师评价的深刻和公允,是世所周知的,而他最后的笔墨竟然连续写到先师太炎先生,这自然是战斗,同时也是为了完成和了结一段师生之缘吧。

1985 年 10 月

"我的老同事"
——鲁迅与齐寿山

鲁迅在教育部的同事中,除了与许寿裳堪称深交之外,与齐寿山的关系也比较密切。

齐寿山(1881—1965),名宗颐,字寿山,河北高阳人,是我国著名戏曲艺术家齐如山的弟弟。曾经留学德国,与鲁迅同年进教育部,同在社会教育司任职。鲁迅到教育部不久,第一次出差去天津考察新剧,即与齐寿山同行,就住在齐在天津的亲戚家。

一 齐家的客人

鲁迅对教育部的生活是十分厌恶的,因为北洋政府的官僚作风在这里亦习以为常。倒是几个谈得来的同事还少官场习气,平时即以文墨为题相叙,借以排除坐机关的无聊和寂寞。如一九一二年六月十八日《鲁迅日记》记载:"晨头痛,与齐寿山闲话良久,始愈。"谈了些什么呢?据鲁迅先生在他处的记载,所谈无非清末的一些琐事。如同年六月二十七日的日记:"下午假《庚子日记》二册读之,文不雅驯,又多讹夺,皆记'拳匪'事,其举止思想直无以异于斐、澳野人。齐君宗颐及其友某君云皆身历,几及于难,因为陈述,为之瞿然。某君不知其名氏,似是专门司司员也。"齐寿山在北京经历了义和团运动,他把当时北京的处境描绘得十分危险,使鲁迅先生感到有点意外。关于这部《庚子日记》,成书于一九〇一年,作者署名仲芳氏。稿本上册名《庚子五月义和团进京逐日见闻纪略》;下册题名《洋兵进京逐日见闻纪略》。这部书的作者对于义和团的性质当然无法认清,过于渲染了它落后的一面。加上帝国主义和地方流民的破坏,当时的京城确实一片纷乱。鲁迅先生并不喜欢这部书,他对义和团的意义,恐怕也要经历一个认识过程。这样看来,鲁迅与齐寿山之间的闲谈也不能说全是琐事。

除了在部里彼此交谈以外,根据《鲁迅日记》的记载,鲁迅与齐寿山经常一起去西单附近的饭馆吃午饭,下午一起去逛小市,偶尔买一点古钱、碑帖等小古董;或者一起去游公园,到前门外的青云阁去喝茶。最有意思的是他们两位还专门到卖欧洲点心的餐馆里喝咖啡,饮洋酒,我怀疑这是齐寿山留学德国的习惯。这样的记载,在《鲁迅日记》里何止一两笔。

齐家住在东单裱褙胡同,是个大家族。鲁迅先生有时被邀去齐家看石竹(《鲁迅日记》1913年6月14日);有时被邀去齐家吃饭,如一九一五年九月十日:"晚齐寿山邀至其家食蟹,……大饮啖,

剧谭,夜归。"这样的豪饮和畅快的叙谈,在鲁迅先生来说也是难有的兴致。鲁迅在《马上日记》里还写下这样一段趣事:

一九二六年六月二十八日,他冒着烈日去访刘半农,主人不在,被拒于大门之外。鲁迅只好"仍在大毒日头底下的尘土中趑行",去找齐寿山。开门引进客厅以后,齐君也就到了。

> 我首先就要求他(指齐寿山)请我吃午饭。于是请我吃面包,还有葡萄酒;主人自己却吃面。那结果是一盘面包被我吃得精光,虽然另有奶油,可是四碟菜也所余无几了。
>
> 吃饱了就讲闲话,直到五点钟。
>
> 客厅外是很大的一块空地方,种着许多树。一株频果树下常有孩子们徘徊;C君(即齐寿山)说,那是在等候频果落下来的;因为有定律:谁拾得就归谁所有。我很笑孩子们耐心,肯做这样的迂远事。然而奇怪,到我辞别出去时,我看见三个孩子手里已经各有一个频果了。

从吃午饭,一直谈到下午五点,可见彼此的"闲话"还很投机。而鲁迅先生在北京结交的朋友当中,能这样融洽地深入到对方的家庭并和孩子们有接触的,也实在不多。

齐寿山既是北方人，从《鲁迅日记》里看，他即以北方特产的馒首、梨、核桃和深州的蜜桃相赠。鲁迅回绍兴省亲，就托齐寿山给代买果脯和蘑菇。又曾托齐寿山代买羔皮五件，寄往绍兴。甚至平时买件外衣，也请齐君代办。在这方面，齐寿山肯定比鲁迅有经验。

二 何止生活上的接触

我以为鲁迅与齐寿山的交往，诚然主要在生活方面，似乎意义不大。但是，从中也可以看出彼此是信任的，而齐君也是个古道热肠的厚道人。比如在经济上，鲁迅在北京的十四年，光是向齐君借钱就有近三十次之多，平时小数目的不算，比如买八道湾的房子，齐寿山不仅借钱出来，还陪着鲁迅四处奔波。一九一九年二月起，他曾经陪着鲁迅先后去过报子街、铁匠胡同、辟才胡同、八道湾看过房子。后来置办阜成门内西三条的房子，鲁迅也找齐君借了钱。就说一九二一年周作人去西山养病，虽说鲁迅先生经办，但是我们从鲁迅的日记看到，事先是齐寿山陪着鲁迅去了一趟西山，我想那也是齐君出的力。

这种可贵的友情，还表现在齐君对鲁迅先生艺术爱好的关切上。如一九一六年十一月十四日："齐寿山赠《李宝臣纪功碑》拓本一枚。"一九一九年三月二十六日:"齐寿山从河南归,午后至其寓谈,以《蔡氏造老子象记》《张□奴等造象残题名》各一枚,洛阳《龙门侍佛画象》六枚见赠。"一九二〇年五月十一日:"齐寿山赠《元绪墓志》一枚。"一九二四年九月十日:"齐寿山为从肃宁人家觅得'君子'专一块,阙角不损字,未定直,姑持归,于下午打数本。"一九二五年十月二十五日:"晚齐寿山来并赠土偶人一枚。"这种代朋友从事艺术收藏的活动,首先是无私的,也是对鲁迅事业的支持,不能单纯看作是生活上的接触。

还有两件大事可以说明。

一次是一九一七年七月,张勋复辟时,辫子兵骚扰北京城,齐寿山考虑到朋友的安全,主动帮助鲁迅逃难避居于东城。《鲁迅日记》七月七日载:"上午见飞机。午齐寿山电招,同二弟移寓东城船板胡同新华旅馆,相识者甚多。"九日记载:"夜闻枪声。"七月十二日载:"晨四时半闻战声甚烈,午后二时许止。事平,但多谣言耳。觅食甚难。……往义兴局觅齐寿山,得一餐。"到十四日鲁迅才回会馆。

第二次避难是一九二六年四月,奉天派和直隶派军阀战争的时候。鲁迅于四月十五日去找齐寿山,即在齐的帮助下从山本医院移住在东交民巷的德国医院。从这天起鲁迅几乎天天同齐寿山见面,还一起到德国饭店去吃饭。四月二十六日又迁往法国医院，继续避难。

齐寿山急人危难的友情，鲁迅先生怎能不记挂在心上。

从齐寿山家属的回忆文章中可以看到（齐香：《鲁迅和齐寿山》，《人民日报·大地》1985年7月16日），齐君虽然留学德国，思想却非常封建，但他尊重鲁迅先生的见解。鲁迅赞扬过冯沅君反封建的小说《卷葹》，齐君还回家宣传。可惜齐君自己却没有什么文章诗词，甚至连书信也很少写。然而他又不是一个毫无大是大非的人。一九二五年女师大风潮中，鲁迅被章士钊免职，许寿裳与齐寿山发表《反对教育总长章士钊宣言》，也毅然辞去职务。宣言中斥章"滥用警士，殴击学生"；保护鲁迅说："周君自民国元年由南京政府北来供职，十有四年，谨慎将事，百无旷废"；最后声明："今则道揆沦丧，政令倒行，虽在部中，义难合作，自此章士钊一日不去，即一日不到部，以明素心而彰公道。"真是义正辞严，风骨凛然。这能解释成只是许、齐二人与鲁迅私人感情较好吗？难道这种道义上的支持不也是一种政治行动？

鲁迅从生活上也对齐寿山有所回报，如以从南方带来的火腿、茶叶、龙眼等相赠。最有意义的还是以自己的书籍和文章相赠。从《鲁迅日记》里可以看到，鲁迅先后送给齐寿山《新青年》《呐喊》

《桃色的云》《歌谣增刊》《中国小说史略》《唐宋传奇集》等。这种馈赠又不仅限于生活上的关心了。

鲁迅先生的德语,似乎不如齐寿山,所以平时也常有所求。一九一七年五月周作人生病,鲁迅请来德国医生,《鲁迅日记》便有请齐寿山来当口译的记载。一九二一年鲁迅在《译了〈工人绥惠略夫〉之后》中说:"我本来还没有翻译这书的力量,幸而得了我的朋友齐宗颐君给我许多指点和修正,这才居然脱稿了,我很感谢。"鲁迅从德文本转译此书,说的也不是客气话。

三 合作译书

最使鲁迅先生难以忘怀的,还是他俩在一九二六年七月的那次合作。那是鲁迅即将离开北京之际,决心译完荷兰作家望·蔼覃著的长篇童话集《小约翰》。他约齐寿山来合作,齐君慨允了。《鲁迅日记》七月六日写道:"下午往中央公园,与齐寿山开始译书。"此后不断有记载,到八月十三日写道:"往公园译《小约翰》毕。"这一个多月在酷暑中的合作,也是两位朋友交往中最有意义的纪念。

鲁迅先生还在东京的时候就想翻译《小约翰》,但当时"没有这力"。一九二六年又记起此事,"翻检一过,疑难之处很不少,还是没有这力。问寿山可肯同译,他答应了,于是开手;并且约定,必须在这暑假期中译完。"结果开手之后,每天"到中央公园,径向约定的一个僻静处所,寿山已先到,略一休息,便开手对译《小约翰》"。(《华盖集续编·马上支日记》)鲁迅先生的这段译书生活是非常愉快的。他又在《〈小约翰〉引言》里说:"……将离北京,先又记得了这书,便和我多年共事的朋友,曾经帮我译过《工人绥惠略夫》的齐宗颐君,躲在中央公园的一间红墙的小屋里,先译成一部草稿。""我们的翻译是每日下午,一定不缺的是身边一壶好茶叶的茶和身上一大片汗。有时进行得很快,有时争执得很凶,有时商量,有时谁也想不出适当的译法。译得头昏眼花时,便看看小窗外的日光和绿荫,心绪渐静,慢慢地听到高树上的蝉鸣,这样地约有一个月。"这是鲁迅离开北京以前最集中的一次创作活动。就在译完《小约翰》的当天,齐寿山特意请鲁迅在公园内的来今雨轩吃晚饭,又约来了许寿裳和戴芦舲。这是为鲁迅送行呢,还是庆祝译事的告成?二十一日,许寿裳也在来今雨轩为鲁迅送行,约来了齐寿山,还有许广平。二十六日鲁迅便告别北京出发了。齐寿山没有到前门火车站来话别,而鲁迅先生如果说对北京还有所怀恋的话,这相处十四年的老同事也会记挂在心里。是的,鲁迅没有忘记齐寿山。第二天他在天津换乘津浦车,登车前特别给齐寿山发了一张明信片。究竟写了什么？可惜无从查考了。

四 "寿老毫无消息"

第二年，一九二七年十月，蔡元培先生就任大学院院长，齐寿山也离开北京到南京大学院担任秘书。鲁迅先生在广州不无怀念地说："可惜我的老同事齐君现不知漫游何方，自去年分别以来，迄今未通消息。"鲁迅由广州到上海不久，也被蔡元培聘为大学院特约著作员。一九二八年八月，蔡元培拒绝与蒋介石合作，坚决辞职，齐寿山也毅然离去。这说明齐寿山仍然保持着当年的风仪。

齐寿山一九二七年应邀南来时，鲁迅也刚到上海，两位老同事在上海重逢。十月二十六日的《鲁迅日记》记载："下午寿山来，夜同至中有天饭。"这一天他们也许会捧着《小约翰》，讲起在北京中山公园的争执吧。第二年，即一九二八年十一月五日，他们又见了面。这天的日记里写着："下午寿山及季市（即许寿裳）来，晚同至中有天晚餐，并邀广平。微雨。"这时正是齐君脱离南京，特意到上海来看望老同事。这次微雨中的相别，也是两位老同事最后的一面了。

一九二九年三月，鲁迅给许寿裳的信中说："寿老毫无消息。

前几天却已见过他的同乡,则连其不在南京亦不知也。"一九三二年十一月,鲁迅北上探亲,并作了著名的"北平五讲"。到了北京的第三天,即十五日,鲁迅特地去了东单裱褙胡同的齐宅:"访齐寿山,已往兰州。"那时齐君已经投奔西北军邓宝珊部任职去了。这一次连熟悉的齐宅大门也没有进去。当天夜里鲁迅给许广平的信中说:"访齐寿山,门房云已往兰州,或滦州,听不清楚。"其时鲁迅的思想境界与齐君相比差距更大了,但是老同事的情谊还在,鲁迅先生当会有失落朋友消息的惆怅之感。

鲁迅先生与齐寿山君相距愈来愈远了,消息亦愈加隔膜。我们再也没有听到他们后来互相往来的音讯。

1985 年 10 月

鲁迅与沈兼士

沈兼士（1885—1947），久矣不见人提到他的名字了。他倒是一位与鲁迅先生有不少交往的学人。

知道沈兼士的人，过去都称他是小学家，专门研究文字学的名教授，却绝口不提"五四"前后他为新诗做出的努力。我想，如果说其兄沈尹默对我国早期的新诗运动有贡献，那么同时也应该记住沈兼士的名字。这是写中国新诗史者义不容辞的责任。说到这里，我们还得感谢刘半农，若不是他为了纪念新诗诞生十五周年，一九三三年在北平琉璃厂星云堂印了一本古色古香的《初期白话诗稿》，我们现在就很难集中地欣赏到沈兼士的新诗了。

在这本宣纸影印的早期诗人们的手迹里，收有沈兼士的诗六首，是我见到的早期新诗选集中收录沈的作品最多的一种。这些诗的题目是：《山中西风大作》《见闻》《早秋》《真》《遏先入山相访》《泉》。写作时间是"五四"前后他在西山养病的时候，而且大部分是在"五四"以前写的。那正是我国新诗诞生的酝酿期。那时的新诗尝试家们一时还难以摆脱旧诗的束缚，所以当时的评论家和诗人们在讨论新诗形式时有放足和天足之争，大体是说新诗过于拘泥旧形式，半文半白，不敢迈开大步走路。请看沈兼士的《山中西风大作》：

> 五更山雨振林木，晨起凉意先上足。
> 野猫亲人去又来，殊蝉咽风断难续。
> 赤膊小孩抱果筐，晌午桥头行彳亍。
> 为言今日天气凉，满筐果子卖不出。
> 卖不出（去）不打紧，肚里挨饿可难忍。

应该说这诗还是有意境的，特别是那个打着赤膊卖水果的小孩很感人，可是如果把这首诗看作是夹杂了白话的旧体诗亦未尝不可。足以说明它还没有完全从旧诗中挣脱出来。这要一个过程，必然要经过这个阶段。另外几首诗也大体如是，可喜的是这些诗基本上都还是写实的。沈兼士在致沈尹默的信中谈到了这些，他说："弟西山杂诗，全是写实，非身历其境者恐未必能知其佳处。兄是诗家，看其机杼尚自然否？"当时诗风，于此可见。

沈尹默写新诗是在一九一七年左右，沈兼士从事新诗创作时间亦相去不远。从《新青年》上，我们还可以看到他一九一九年写的新诗：《有趣和怕》《春意》《寄生虫》《一个睡着过渡的人》《小孩和小鸽》等。"五四"一来，新诗战场上十分热闹，充分显示出新诗创作进入了一个空前繁荣的时期。沈兼士的一些诗,后来曾被朱自清、卢冀野和"北社"编入早期的几本新诗选集中,但仅仅各自收录了一首而已。依我看,沈在《新青年》上发表的诗要比《初期白话诗稿》里的诗清新明快多了,也更注重于意境的描写,从形式上看逐渐摆脱了旧诗的约束。

比如一九一九年秋他在香山旅馆写的《小孩和小鸽》,堪称一首极有情趣的诗:

几阵秋风,把避暑的大人先生们都吹下山了。

旅馆里,屋檐下被客人们吓走的一群小鸽子,慢慢的寻回了旧巢,咕咕的叫着。

后山坡几个乡下人,担了收获的高粱,在夕阳影里,唱着山歌往家里走。

那一群小鸽子在白场上踱来踱去,拾那遗剩下狼藉着的高粱粒儿吃。吃完了走到山溪边去喝水。

阿观在旁边站着看得出了神。鸽子们却不怕他,时时别转头看一看,依然伸着脖子一口一口的喝水。

鲁迅编译的《竖琴》。

诗句稍长,但清新流畅,天真可喜,是活生生的乡村风景,具备了新诗的格调。

诗中的小孩"阿观",在沈兼士写的另外几首诗中也出现过,这是作者的儿子沈观。当年鲁迅先生也很喜欢这个少年。例如一九三三年二月十二日,鲁迅从上海寄给北平老友台静农等人自译的《竖琴》时,其中也有一本指名送给沈观。此后,当《萧伯纳在上海》《南腔北调集》《解放了的堂·吉诃德》等书出版以后,也都留心寄给沈观一册。鲁迅先生是喜欢结交"小朋友"的,他不断寄书给沈观,还有马幼渔的女儿马珏,说明他对朋友的子弟既关注,也是平等相待的。从这一侧面也让我们看到了鲁迅先生的为人。他对"小朋友"们从来不摆架子或是马马虎虎地敷衍。

就我所见,沈兼士也就发表了这十几首白话诗,后来他就弃诗而专攻小学了。偶尔写诗亦已改写旧体,好像"五四"一过,新诗的阵地已经巩固,新人蜂起,尝试家们就自动引退了。

一九三四年春,林语堂在上海创办《人间世》,首先发表了周作人的五十自寿诗。沈兼士在四月里亦有自嘲相和,诗如下:

错被人呼小学家,莫教俗字写袈裟。
有山姓氏讹成魏,无虫人称本是蛇。

端透而今变知澈，鱼模自古属歌麻。
眼前一例君须记，荼苦由来即苦茶。

诗作似无深义，却流露了小学家的某些卖弄。

去年偶然见到一份写在"北京大学编译会用纸"上的沈的墨迹，那是他自作的几首诗词，时当他尝试写白话诗的同时。今录如下：

香山除夜（虞美人）
儿时除夜贪迎岁，欢笑何曾睡。中年除夜感飘蓬，风雪征程南北复西东。余自十九岁东游日本，家居度岁之年绝少。归国后由杭入京，由京赴陕，均于行旅中过除夕。而今病卧西山下，两度逢除夜。粥余药罢百无宜，静对寒梅数点且忘机。

香山冬日（十六字令）
寒。木落山空白日闲。无人处，雀粪点朱阑。

见心斋看雪
千瓮拥琼楼，万松张玉盖。
乘兴一行吟，不劳索笠戴。

这几首诗是否在什么地方发表过就不得而知了。

抗日战争后期,沈兼士从北平辅仁大学出走大后方。一九五七年七月号的上海《文艺月报》出版了一个诗歌专号,其中旧体诗词部分发表了沈兼士写于一九四四年的两首诗,题为《甲申客渝和友人招赴汪山看梅之作》:

裙屐风流花照檐,客中高会想精严。
影疏香暗堪滋味,不啻苑羹著豉盐。
羁怀都不关山水,孤负名园数点花。
烧罢药炉了无事,纸窗斜日听昏鸦。

这些旧体诗,当然也可以让我们了解到诗人的经历和情怀,但是不管怎么说,人们记得的恐怕还是他"五四"前后写的那些白话诗。

沈兼士的故乡是浙江湖州,当年他在日本留学的时候就加入了中国同盟会。在东京亦曾跟随章太炎先生学过文字音韵学,不过与鲁迅他们不是在一起听课。一九一二年他到了北京,从一九一三年起到一九三四年止,他与鲁迅先生不断有书信往来,可惜的是这些信件,未能保存。一九一七年四月,他在北京大学国史编撰处任职,后来改任国文系教授。这时他与胞兄沈士远、沈尹默同在北大任教，故有"北大三沈"之说。鲁迅先生同三沈均有联系，这从《鲁迅日记》上可以找到根据。

在一九二五年的女师大风潮中，沈兼士同鲁迅、许寿裳等人站在一起，签名声援女师大同学的正义斗争。一九二六年他先鲁迅去了厦门，在厦大国文系任教。同年八月鲁迅先生也离开北京，经过上海到了厦门。从《鲁迅日记》上看，一九二六年九月四日鲁迅初到厦门，暂住中和旅馆，来旅馆把鲁迅接往厦大的就有沈兼士。当年在北京的老同事如今在厦门大学又成了同事。沈兼士深知鲁迅先生爱好碑刻，九月九日的《鲁迅日记》里便有记载："夜兼士赠景印《教宗禁约》一分。"此后又赠先生唐人墓志打本，等等。当然彼此也少不了在南普陀寺共饮小聚，这在《鲁迅日记》里亦有记载。只是当鲁迅先生到达月余，沈兼士就脱离了厦门大学，所以十月十八日的《鲁迅日记》里记载："晚同人六人共饯兼士于南普陀寺。"沈兼士北返后在故宫博物院任职，一九二九年后进辅仁大学，任文学院院长，延续十余年之久。一九三四年八月范文澜同志被捕，他同许寿裳、马裕藻等人联名上书蔡元培，设法营救范出狱。

一九二九年五月，鲁迅从上海北返探亲，重见了当年的老友，曾不无感慨地写信给许广平说："南北统一后，'正人君子'们树倒猢狲散,离开北平,而他们的衣钵却没有带走,被先前和他们战斗的有些人拾去了。未改其原来面目者,据我所见,殆惟幼渔、兼士而已。"这表现了鲁迅对老朋友的信任,说明沈兼士不曾同那些人同流合污。

一九三二年十一月,鲁迅先生最后一次北返探亲,并作了有名的"北平五讲",旧友重又相见。二十二日鲁迅在辅仁大学讲《今春的两种感想》,作为辅仁大学文学院长的沈兼士一直陪奉在侧。讲演完毕,"时已晚,兼士即邀赴东兴楼夜饭,同席十一人,临别并赠《清代文字狱档》六本。"(《鲁迅日记》)《清代文字狱档》是当时故宫博物院编印的,陆续发行,一共印了九本。鲁迅先生不轻易对旧书说什么好话,却推崇这部书是难得的。因为从中可以看出封建统治阶级的专横和昏庸,是写中国文学史的极好材料。鲁迅得到沈兼士的赠书以后是认真翻看了的,他还运用书中材料,借题发挥,直接抨击国民党对进步文化的摧残。

这次北行,鲁迅先生一方面战斗,一方面得与老友们相聚,得到几年来少有的一种欣慰。他在北平写信给许广平说:"我到此后,紫佩,静农,寄野,建功,兼士,幼渔,皆待我甚好,这种老朋友的态度,在上海势力之邦是看不见的。"(1932年11月20日信)此行,鲁迅先生还得到了沈兼士的赠书《考古学论丛》《辅仁学志》

等五册。从赠书的内容来看，他们走的已非一条路，然而这并没有妨碍了他们之间的友谊。

沈兼士自然走的是学术研究的道路，一九三四年三月二十六日《鲁迅日记》里记载："下午得兼士所赠《右文说在训诂学上之沿革及其推测〔阐〕》一本。"没有兴趣的人是不会看这种冷门书的。鲁迅先生收到此书的当夜，于披览之余即作书给北平友人台静农说："……昨始得《右文说在训诂学上之沿革及其推测》一本，入夜循览，耄然发蒙，然文字之学，早已一切还给章先生，略无私蓄，所以甚服此书之浩瀚，而竟不能赞一辞，见兼士兄时，乞达谢意为托。"鲁迅并未责怪沈兼士的只钻学术，但也没有推崇这种不闻世事的偏颇。

鲁迅先生逝世后，沈兼士似乎不曾写过纪念文章，但是他却担任了鲁迅全集编辑委员会的委员。

抗日战争开始以后，沈兼士滞留北京，仍在辅仁大学执教。一九四一年他以华北文教协会的名义辑印了一本《辛巳文录初集》，这是一本学术论文的辑集，收有各家的文章，沈的文章是《汉字义读法之一例》。这本书印数极少，笔者未见。同年他又印了一本《辛巳文录续集》，收有沈的《声训论》一篇。但是，续集不曾发行便被日军查抄没收了。（参见1946年8月25日沈兼士致胡适信。载于中华书局出版的《胡适来往书信选》。）对于这样一种纯学术性的论文结集，日本占领者何以要采取这么激烈的措施，这是让人难以理解的。据说日本当局这时已经了解到沈兼士参加了国民党的地下工作，把他看成了抗日分子。也就在《辛巳文录》被查抄以后，日本当局在北京对一些教授进行了一次大逮捕，沈兼士不得不秘密地离开了北京，最后到达了重庆。临行以前，刚好完成了他从一九三三年开始主编的《广韵声学》。这是一种部头很大的汉字形声学研究的完整资料。一九六〇年九月，文字改革出版社曾经根据一九四五年辅仁大学的印本重新印行了一次。

抗战胜利以后，沈兼士由重庆回到了北平。这一次他可不是以学人的身份复员了，而是担任了国民党教育部的平津区教育善后复员特派员，主持过对沦陷区教育界人员的"甄审"工作，受到进步师生员工们的激烈反对，最后是不了了之。这时的沈兼士不管他主观如何，事实上已经站在了学生运动的对立面。周作人在他晚年写的《知堂回想录》里说，后来沈兼士"给国民党做教育的特务工作"可能即指此事。沈兼士究竟是怎样从一个小学家走到政界去，由于我所见到的资料不多，不敢下断语，但至少可以说他晚节不全。鲁迅先生当年称赞过这位老朋友在时局变幻中态度未变，可他晚年还是变了。不过我们也要看到，在他任职教育部的一两年中，似乎并无更多的劣迹,如果说他是因为思想糊涂竟至做了旧时代的牺牲品,好像也可以说得过去。总之,这是他一生中洗不掉的一个污点吧。

一九四七年八月二日,沈兼士因脑溢血病故北平。同年十二月,琉璃厂的来薰阁和东四隆福寺的文奎堂书店为他代印了一本《段砚斋杂文》。这本语言学论文的专著就成了沈兼士最后的一部遗著。那时轰轰烈烈的学生运动正在北平激烈地展开着,很多平时表现很温和的教授学者亦投入了这场斗争。人们正在奋不顾身地参加到关系着中国前途和命运的决战之中,对于沈兼士的死是冷淡的,几乎没有什么反应。人们已经把他忘记了。

1984 年 3 月

附记:

近读一九八五年第七期《鲁迅研究动态》叶淑穗同志写的《鲁迅的藏书是怎样保存下来的?》,谈到抗战胜利后,朱安女士生活困难,有出卖鲁迅藏书之意,当时报上有人呼吁救济鲁迅的遗族。沈兼士曾受各方面友人的委托,直接给朱安送去五万元。一面尽老朋友之道,一面也是为了保护鲁迅先生的藏书。值得在此补记一笔。

1985 年 11 月

鲁迅与马珏

读《鲁迅书信集》的时候,有一次我掩卷而笑了。

那是一九三三年三月二十五日,鲁迅给台静农的信中说:"今日寄上《萧伯纳在上海》六本,请分送霁、常、魏、沈,还有一本,那时是拟送马珏的,此刻才想到她已结婚,别人常去送书,似乎不大好,由兄自由处置,送给别人吧。"

信中的霁当指李霁野,其余人依次是常惠、魏建功、沈兼士,而这位马珏则是马幼渔的女儿。在这以前的三月十三日,鲁迅接到马幼渔在北平的来信,其中谈到女儿马珏结婚的消息。鲁迅先生的"顾忌"正是由此而产生的。

我何以要发笑呢?我笑鲁迅先生的练达人情,笑他也不免为世俗所纠缠并有所随合,以及他在这件小事上表现出人格的纯朴。在前些年,有人总把鲁迅先生形容为一张口就是"斗争",一行动就是"原则"。鲁迅先生当然是一位伟大的战士,但是战士也不能脱离开社会和人情。鲁迅当然有高度的原则性,然而在某些日常生活中,他同我们普通人也并没有什么两样。关于不再寄书给马珏这件小事,若在前些年也许有人会质问,既然是光明正大地送书给一位姑娘,又何惧之有?鲁迅的"顾忌"岂不是向社会上的封建思想妥协了吗？我却不这样看，我以为这除了显示出鲁迅的道德品质，也说明他处理事情照顾到人情，考虑得细致而周到。

　　鲁迅是住在北京的时候认识马珏的。一九二六年初，马珏写了一篇散文《初次见鲁迅先生》，我以为在众多的回忆鲁迅之作中这是较为别致的一篇。她对鲁迅观察得很细，也写出了一位聪明伶俐的小姑娘的爱美和天真。她这样猜想鲁迅的样子："爱漂亮吗？大概许爱漂亮，穿西服罢……分头罢？……"待到见过之后，她失望了，原来鲁迅竟是一个"老头似的老头儿"。当鲁迅知道她爱看书的时候，就送给她盲诗人爱罗先珂的《桃色的云》，从此就不断送书给她。一九二八年马珏考入北京大学预科，听说在学校是个有名的比较俊秀的姑娘。一九二九年五月鲁迅到北平省亲，写信给许广平时，还提到马珏因病住医院多日了。鲁迅送书给马珏一直到她结婚为止，甚至连古典寓言《痴华鬘》也送，这些在《鲁迅日记》中多有记载，若欲知其详者，不妨一查。

"可怕"的母爱
——鲁迅拟写的一篇文章

一 从斯霞同志谈起

六十年代初,我到南京去。在那里见到新华社的古平同志。那时她正在采访南京市模范小学教师斯霞同志。有天夜里,古平同志到招待所来看我,讲起了斯霞的故事。结果,讲故事和听故事的人都为这位小学教师的优秀品质深深地感动了。

我当即鼓动古平同志赶快写出来,还不揣冒昧地出了一点小主意,比如就写两三件小故事等等。接着,我就匆匆地离开南京,到丹阳县的乡下去了。稍后,我又转道上海到了浙江。

后来,古平同志果然写出了一篇动人的通讯,题目就叫《斯霞和孩子》。看过这篇通讯的人都很感动,我们也都很高兴。然而,过了一段时间,在所谓加强意识形态领域阶级斗争的批判运动中,也就是大张旗鼓地批判电影《北国江南》《林家铺子》《早春二月》和昆曲《李慧娘》的同时,古平同志的这篇通讯也不可避免地被戴上人性论的政治帽子。批判家们加给她的罪名是鼓吹母爱。从此,我就产生这样的印象:"母爱"是个不吉祥的字眼儿,世上有各式各样的母亲,无产阶级只有阶级的爱,没有"母爱"。"母爱"是资产阶级人性论的口号,讲"母爱"后果可怕。

但是,思想上并不是没有斗争。因为古平同志的受批判与我也有瓜葛,我当初鼓动过她动笔,而且还引起过共鸣,当然是所谓资产阶级的共鸣了。我不知道当时古平和其他同志的感觉如何,反正我是在大吃一惊之后,接下来的便是茫然。我不懂,一个从旧社会走过来的优秀教师,爱别人的孩子胜过爱自己;把学生当亲人那样的关切、教育究竟有什么过错?斯霞同志以一个母亲的感情和高度的政治责任心来看待孩子,正说明她热爱党的教育事业,心地无私。为什么这就叫人性论呢?说真的,我始终没有想通,心里还有一种歉意,当然是对古平同志的。记得在"文化大革命"开始的前一年吧,当古平同志跟随内蒙古乌兰牧骑巡回演出队采访时,我在北京见到了她,亦曾当面向她表达过这种心情。她只是爽然一笑,很快用别的话岔开了,似乎她很不愿意谈起这件事。

到了"文化大革命"中,又翻起了旧账,斯霞和古平同志成了鼓吹修正主义的典型,她们的处境是很难堪的。有人把裴斯泰洛齐的事同斯霞拉在一起,因为裴是资产阶级教育家,在大雨天把学生背过河,是母爱教育;而斯霞呢,有一次下大雨,她也曾蹚着水把一年级学生背过马路。这当然也是母爱教育,是阶级斗争熄灭论,是一种反动思潮。这样套下来,当时不仅是"母爱"这个词儿可怕,什么"修养""民主""童心"这类词儿都变成邪恶的东西。到后来运动更加深入,连"团结""友谊"之类的词儿也不敢多用了,因为那时行时的是斗争哲学,即使讲团结,也必得在前边冠上"革命"字样,即我们要的必须是"革命团结";我们讲求的必须是"革命友谊",否则便是没有阶级性。依此类推,我们每天早晨起来要做"革命体操",上班乘公共汽车就成了"革命乘客",中午到"革命餐厅"去吃饭,晚上看一场"革命电影"。我不是开玩笑,在那时像"童心"这样的字眼儿,即使你加上了"革命"两字恐怕亦未必通得过。要想形容一位永葆革命青春的老人颇有一点童心,只好改成"还有一种孩子似的天真"等等。

张志新同志是党的好女儿,也是一位伟大的母亲。在真理面前,她勇敢无畏,但在遇到这类事情时也不得不多花费一些笔墨。例如她在狱中写的所谓"认罪书"——《这就是一个共产党员的宣言》,当她讲到自己坚持原则并不是出于私心,也并非不考虑后果,她也曾念及父母子女之情等等,她是这样写的:"世界上母亲千万个,哪一个没有慈母心(暂允许抛开阶级分析观点来比喻),难道说唯有我张志新的心最毒狠?!"张志新烈士是值得我们敬爱的,她绝不是一个冷酷的人,她对党对人民,对同志对家人都怀着巨大的爱。

她敢于在"认罪书"上讲慈母心,讲母性,这本来不致产生误会的,但她在括弧里面加的注解,显然是为了对付那些善于搞断章取义的家伙们的,希望这样就可以封住了他们的嘴。在那是非颠倒的日子里,是没有什么道理好讲的。他们骂别人是人性论,而他们倒真的没有一点人性,只有兽性。他们对待张志新同志竟下那样的毒手,还有什么人性可言呢!

无产阶级是有人性的,也有母爱,因此像"母爱""童心"等等,并非属于资产阶级的表征。当我们看到这些词汇时,正确的方法还是要看全文大意,要看前后的句子。否则,当我们日常沿用这些词汇时,难道真的都要在前面冠以"无产阶级"或"革命"的帽子,或者都要在括弧里加上注解吗!

林彪、"四人帮"一伙的罪恶千千万,真是连我们祖国纯洁的语言也被他们给糟踏了。

二 鲁迅要写"母爱的伟大"

说到母爱,我想起鲁迅原来想写的一篇关于母爱的文章,只是由于他那时病体衰危,终于不曾动笔。这件事见于冯雪峰同志回忆鲁迅的文章。

一九三七年，冯雪峰在《鲁迅先生计划而未完成的著作》一文中，提供了一个重要情况：鲁迅在写完《这也是生活》《死》《女吊》之后，还预备写十来篇这样回忆性的散文，堪称《朝花夕拾》的姊妹篇。其中两篇已打好腹稿，一篇就是关于母爱的。雪峰同志还记下当时鲁迅的原话，是十分珍贵的：

"……这以后我将写母爱了，我以为母爱的伟大真可怕，差不多盲目的……"鲁迅先生在谈话中讲起母性和母爱，实在不止一次，并且不止好几次，差不多常常提到。我曾这样想：他对于女性的尊视，其中之一的理由是因为母性的爱的伟大罢，这从他常常攻击摩登女子有乳不给儿子吃的事也可知道。有时也常常从德国社会主义的女画家珂勒惠支而谈到母爱，有时则从中国农村的纯厚的老妇人而谈及。他要写一篇关于伟大的母爱的文章也不止说过一次。

（《过来的时代》，1946 年 7 月新知书店出版）

一九五二年，雪峰在《回忆鲁迅》一书中又提到此事。但是，他把当年鲁迅对他讲的原话删去了。

母爱是伟大的，也是可怕的，更是盲目的……这是鲁迅的原话，又是多么新鲜的思想啊！我不知道在这样的结论之下，鲁迅将写下什么内容，我相信他一定要讲出别人所未曾想到的一些见解，也会包含许多生动的例证和吸引人的文采。这已经是一个不可补救的损失了。鲁迅说母爱是"可怕"的，难道是想批判、肃清这个据说是属于资产阶级人性论范畴的字眼吗？我怀疑，于是，我就怀着不满足的心情，想向雪峰同志打听更多一点的情况。

一九七四年春天，雪峰同志的处境很不好，病得也厉害了，四月二十日，在他收到我的信后的第三天便写来了回信。原信较长，现只摘录几句："您信收到。关于鲁迅先生曾经准备写一篇关于母爱的散文，我在这两天中都回忆不起比过去记述过的那几句更多的话来。……我后来在什么地方（《回忆鲁迅》？）删去了那几句记述的话，可能因为怕引起误解的缘故（那几句话是原话，但如果不根据当时鲁迅先生的思想感情加以解释，是可能引起误解的）。我的体会可能还是有错误的，另外也回忆不起新的来；假如今后能回忆起新的来，当再奉告。"雪峰同志正是这样一位老同志，待人总是那么热情，而他的心里永远装着鲁迅。他又一次肯定了鲁迅讲过的确是原话，可是为了怕有人断章取义或发生误解，他还是删掉了，而且在给我回信时，限于当时的政治气候，还一再说明他的体会可能还有错误……这是可以理解的，慑于当时文字狱的恐怖，怎能不使人们心有所悸呢？

不是吗？就连雪峰同志为我们留下的一部极为重要的书——《回忆鲁迅》，不亦被看作是一部毒草批判过了吗？而且二十几年来至今亦未曾再版过，这是很不公平的。

三　不能被死者拖住了前进的脚步

现在，我们已无从知道鲁迅将怎样谈母爱了。我们只好根据他的著作去追溯他的一些观点。鲁迅当然不会离开阶级去泛论母爱，他讲母爱的伟大更不会歌颂剥削阶级的思想感情。我们在他的著作里也找不到这样的文字。

很早以前，鲁迅关于母爱问题就有过精辟的见解了。一九一八年八月二十日，他写给老同学许寿裳一封信。那时许寿裳正在江西省教育厅工作，妻子病故，鲁迅写来一封吊唁的信。一般总要讲些悲痛或惋惜的话吧，可是鲁迅却一反常规，站在许寿裳子女的角度来考虑，认为失去了生母未必是不幸。信中说：

> 夫人逝去，孺子良为可念，今既得令亲到赣，复有教师，当可稍轻顾虑。人有恒言："妇人弱也，而为母则强。"仆为一转曰："孺子弱也，而失母则强。"此意久不语人，知君能解此意，故敢言之矣。

鲁迅对于知友摆脱了世俗的应酬,敢于同许寿裳讲知心话。许寿裳先生接受了鲁迅的直言,他后来在回忆这段往事时说:鲁迅"真想得深刻,不是普通的吊唁的套语"。

鲁迅的这个思想,到后来继续有所发挥。一九三三年七月,鲁迅在《伪自由书·前记》里曾经针对黎烈文的错误想法提出了善意的批评。因为这位从法国回来的留学生不幸丧偶,竟想把自己失偶的悲哀,要初生的孩子去分担。鲁迅先生是这样说的:

听到了一个传闻,说《自由谈》的编辑者为了忙于事务,连他夫人的临蓐也不暇照管,送在医院里,她独自死掉了。几天之后,我偶然在《自由谈》里看见一篇文章,其中说的是每日使婴儿看看遗照,给他知道曾有这样一个孕育了他的母亲。我立刻省悟了这就是黎烈文先生的作品,拿起笔,想做一篇反对的文章……。

鲁迅所见的黎烈文的那篇文章,载于一九三三年一月二十五日的《申报》副刊《自由谈》,题名《写给一个在另一世界的人》。在头一天的《自由谈》上,还有编辑室的一则启事:"烈文最近遭遇不幸:爱妻冰之(薬影)……以产褥死。……烈文自即日起,照常到馆办事。唯愁思悲苦,难言奋斗……"云云。在这里,我们无

妨再抄录一段鲁迅读到过的黎的原文:

……可怜悄悄地带着悲哀的种子出世的婴儿呵!他现在虽还没有感到失母的苦楚,但是时候象水一般流着,他不久,就会感到的;他不久就会懂得他有着一个和我一样的终身莫补的缺陷!

等到孩子能够说话时,我便会教他每天早上起来对着你的照片叫一声:"早安,妈妈!"(原为法文——笔者)每天晚上临睡时叫一声:"晚安,妈妈!"(原为法文)我要叫他思念你,教他爱你。

鲁迅对黎烈文的这种做法大不以为然,他认为这是有意把生机蓬勃的新生命陷在失母的束缚之中。他反对后辈在失母之后徘徊瞻顾,被死者拖住了前进的脚步。鲁迅在《死》里说:"赶快收敛,埋掉,拉倒。"又说:"忘记我,管自己生活。——倘不,那就真是糊涂虫。"鲁迅先生是真正"向前看"的。他明白地表示自己反对黎烈文的看法:"我向来的意见,是以为倘有慈母,或是幸福,然若生而失母,却也并非完全的不幸,他也许倒成为更加勇猛,更无挂碍的男儿的。……"这是对黎烈文的帮助,同时也是对传统观念的批判,说明鲁迅永远站在新生力量的一边。黎烈文渲染的这种母爱，对于成长中的后代是无益的。鲁迅的这些思想闪耀着辩证法的光彩，可以给我们很多的联想和启发。

四　鲁迅对自己母亲的态度

鲁迅在谈母爱的文章里，会不会谈到自己的母亲呢？也难说，因为鲁迅的母亲可以说是一个平凡的母亲，她对鲁迅的爱也没有达到像高尔基在《母亲》里塑造的伟大的无产阶级的母亲那样，可以说是一种平凡的母爱吧。但是，鲁迅的母亲又并不是剥削阶级中常见的那种自私和溺爱子女的人。她是一位性格坚毅，思想开明的母亲。她可能会影响到幼年和少年时代的鲁迅。直到晚年，鲁迅先生一直很尊重、也很爱他的母亲。

鲁迅的母亲完全靠自学认识了字，她在做媳妇的时候敢于顶撞公公的不讲道理，对于帮工却很和善，竟给他们缝制围裙和教他们识字。平时她也不拦阻鲁迅同帮工的孩子们一起玩耍，交朋友。鲁迅第一次离家到南京去的时候，她好不容易地给儿子凑了八元钱，送鲁迅走异地，入异途，去寻找被世人看不起的别样的生活。临别前送别儿子的时候，她鼓励儿子要争气："我们绍兴有句大话，叫做穷出山。""然而伊哭了"。鲁迅很感念母亲在守寡和家庭破落的情况下毅然送自己去学"洋务"。

鲁迅的母亲是一个善于接受新事物的人,当她接到儿子在东京来信劝她放足的时候,她不顾乡人的耻笑带头放开了缠足。后来到北京,年岁已老还是跟姑娘们一样地剪了发。一九二五年北京学生开展抵制日货的爱国运动,老人把平时用的日本伞、面盆都主动砸碎了。在"三一八"惨案中,母亲是站在儿子和许广平他们学生一边的。平时也喜欢看报,看到不平的事就要怒形于色,连鲁迅都要劝她:"娘何必这样的气呢?"(许广平:《欣慰的纪念》)鲁迅先生到上海以后,母亲虽然不具体知道儿子干的什么革命工作,但是她知道儿子得罪了不少当今的权势,时时为儿子的安全担忧。鲁迅在给母亲的信中,每每喜报平安,但是也说过:"男一切如常,但因平日多讲话,毫不客气,所以怀恨者颇多,现在不大走出外面去,只在寓里看看书,但也仍做文章,因为这是吃饭所必需,无法停止也,然而因此又会遇到危险,真是无法可想。"(1933年7月11日)一九三一年柔石等人被捕,鲁迅处境也很危险,只好外出逃难,但传言鲁迅也被捕了。远在北京的母亲为儿子流了泪。鲁迅在一九三一年二月四日致李秉中信中说:"飞短流长之徒,因盛传我已被捕。……老母饮泣,挚友惊心。"鲁迅先生在逃难中又悲愤地吟诗:"惯于长夜过春时,挈妇将雏鬓有丝。梦里依稀慈母泪,城头变幻大王旗。"即使在这样艰危的时刻,母亲从来也没有责怪过儿子,更不去拖儿子的后腿,这种母爱虽然充满了眼泪,还是可贵的。鲁迅又说过:"我的母亲如果年轻二三十年,也许要成为女英雄呢。"(许广平:《欣慰的纪念》)这可能是一句笑谈,但出自鲁迅先生之口亦不减其严肃性。这就是鲁迅对母亲的评价。

鲁迅从上海两次北上,都是为了探望母亲,但是,以鲁迅宽广的胸怀,他并非只陷在慈母的怀抱。他惊扰了北方的文坛,特别是一九三二年最后一次的"北平五讲",的确是打了一场漂亮仗,倒把北来的真正目的掩盖了。

这一次是母子的最后一次见面,母亲对疾病的态度是"医不好,则立刻死掉,医得好,即立刻好起"。这语言多么酷似鲁迅。鲁迅在久别的母亲面前完全像是一个孺子,亲为老母延医治药,白天陪着闲谈,夜里还与家人轮班侍夜,表现的是很平凡的母子之爱。然而,母子之间的共同语言究竟是不多的,还是身在侍奉母病的时候,鲁迅给许广平写信时也不掩饰母子之间的矛盾:"她(指母亲)和我谈的,大抵是二三十年前和邻居的事情,我不大有兴味,但也只得听之。"(1932年11月20日)鲁迅对待与自己的思想有歧异的人,并不是像某些人所硬造的那样,整天握着拳头怒目而视,好像不如此便不能显示鲁迅的战斗性。鲁迅的母亲并非特别伟大的母亲,然而鲁迅视她为慈母，对老母充满了深厚的爱。战士也是有母子之情和懂得母爱的，这并不值得大惊小怪。

鲁迅的母亲在临终以前，很想再见到儿子。但是，她不愿耽误儿子的工作，不愿鲁迅再到北京来，她甚至想拖着衰老的身体到上海去看儿子。但是，儿子竟先自己而离开了人间。当老人听到鲁迅逝世的消息以后，使人们大为吃惊的是，老人坚强得不掉一滴泪，这正是鲁迅的性格。然而，在过去了一段时间以后，伊哭了！一个失去爱子的母亲哭得连路都不会走了！

她强拖着衰弱的身子，搜集了大量报刊上关于纪念鲁迅的文章，连《中流》《作家》这样专门的杂志老人家也搜集来。她安慰自己："还好，这样子，儿子死得也不太冤枉。"

鲁迅的母亲在哪些方面影响过鲁迅的性格，后来鲁迅又怎样影响到母亲的思想？这是一个很有趣而又有意义的题目。这也涉及母爱问题，可惜鲁迅自己是来不及写出这样的文章了。

五 毁灭了婴儿生命的母亲，仍然是为了爱！

根据雪峰同志的回忆，鲁迅在谈到母爱问题时，经常提到德国女木刻家凯绥·珂勒惠支的作品。珂勒惠支的版画大多是表现劳动人民的生活，鲁迅转引过美国女作家史沫特莱的话说，支配珂勒惠支作品的有两大主题，"她早年的主题是反抗，而晚年的是母爱，母性的保障，救济，以及死。而笼照于她所有的作品之上的，是受难的，悲剧的，以及保护被压迫者深切热情的意识。"我们翻开珂勒惠支的画集，便可看到画家描绘了贫民区饥饿的儿童和过早地苍老了的母亲；画家也描绘了母亲们对稚子的纯洁的母爱，以及母亲如何在死神的纠缠中挣扎。鲁迅是同情画家反映的这种母爱的，他在解释《面包》这幅画时说："饥饿的孩子的急切的索食，是最碎裂了做母亲的心的。……母亲却只能弯了无力的腰，她的肩膀耸了起来，是在背人饮泣。……她也不愿意给孩子们看见这是剩在她这里的仅有的慈爱。"珂勒惠支还歌颂了农妇和女工们的反抗和斗争，有力地刻画了母亲们的仇恨，例如《无产者》《农民战争》《织工的反抗》等等。鲁迅是我国第一个介绍珂勒惠支作品的人，他当然注意到这位女画家在作品里反映的母爱精神。

当青年作家柔石被国民党秘密杀害之后，鲁迅特地选取了珂勒惠支的木刻《牺牲》，发表于一九三一年九月创刊的《北斗》上。那画面上正是一位富于牺牲精神的母亲，用双手向人世间奉献出自己的婴儿，很显然，画家把母亲作为人民的象征，庄严地歌领了人民的伟大。鲁迅在《为了忘却的记念》中说："当《北斗》

创刊时,我就想写一点关于柔石的文章,然而不能够,只得选了一幅珂勒惠支夫人的木刻,名曰《牺牲》,是一个母亲悲哀地献出她的儿子去的,算是只有我一个人心里知道的柔石的记念。"鲁迅纪念的是柔石烈士,也是歌颂人民的坚贞,歌颂伟大的母爱精神。鲁迅在介绍这幅版画时,曾经借着一位外国批评家的口礼赞了画家的这种"强有力的、无不包罗的母性。这漂泛于她的艺术之上,如一种善的征兆"。

《牺牲》中这位献出儿子的母亲,让我们想起高尔基在《母亲》中塑造的尼洛夫娜,特别是觉醒以后的这位工人的母亲。当初,她只是具有普遍的母性之爱的一位普通的母亲,光是担心儿子在外面的安全,她的母爱是狭隘的、个人的。但是,当她懂得了儿子干的事是为整个工人阶级的事业之后,她仍然爱儿子,但这种爱已经升华到对整个工人阶级的爱了。她不仅为儿子担心,她心里装着所有的工人阶级,她成了整个工人阶级的母亲。她再也不怕儿子去冒险,自己也参加了儿子的战斗行列,她的悲哀和欢乐同整个革命事业连结在一起了。这是一位革命的母亲,伟大的母亲。这也就是《牺牲》里献出儿子的那位充满了母爱精神的母亲。我想,鲁迅在准备写关于母爱这篇文章时一再提到了珂勒惠支,很可能要阐发革命、人民、祖国和母亲的关系吧。

说到中国农村淳厚的老妇人,我想鲁迅也可能会谈到她们那种无私的牺牲精神,那种崇高的母爱。自然,我们可以从鲁迅少年时代在农村的生活,以及他后来在小说中写到的那些淳厚的农村妇女们的命运来考察。这里,我只想谈谈旧中国溺婴的问题,因为鲁迅在提到这个问题时也涉及了母爱。

在旧中国,广大农村破产,农民在死亡边缘上挣扎。当他们连自己都不能生存时,常常有一生下婴儿便溺死的情形。特别是受了长期封建社会的影响,溺死女婴的现象更严重。这的确是很残酷的历史事实,在过去的农村中是习以为常的,而在某些高贵的文明人看来这是很残忍,很野蛮,没有人性的。这样的母亲怎么连一点母爱都没有呢?

一九三〇年,鲁迅先生在《毁灭》译后附记里写道:"欧洲的有一些'文明人',以为蛮族的杀害婴孩和老人,是因为残忍和野蛮,没有人心之故,但现在的实地考察的人类学者已经证明其误了:他们的杀害,是因为食物所逼,强敌所逼,出于万不得已,两相比较,与其委给虎狼,委之敌手,倒不如自己杀了去之较为妥当的缘故。所以这杀害里,仍有'爱'在。……"这种爱果然有点"可怕",但是这又是合乎人性的,比那些专门剥削和压迫别人的"文明人"要有人性得多!那些溺婴的母亲们深深懂得女儿将来的命运,她们不是活活被饿死，长大了也要给地主家去当奴婢，或是卖给人贩子，送到妓院里去当妓女。与其让心爱的骨肉被恶人们去糟踏蹂躏，反不如怀着慈爱亲手结束了她们小小的生命。鲁迅愤愤地说："西洋教士，常说中国人的'溺女'、'溺婴'，是由于残忍，也可以由此推知其谬，其实，他们是因为万不得已：穷。"鲁迅先生对旧中国农村的溺婴问题作了最本质的分析。这不由得使人产生联想：莫非他在写母爱的可怕时会再一次议论到这些问题吗？

在新中国，溺婴的悲剧是一去不复返了。但是也还有过特定情况下的溺婴，倒也能揭示出母爱的伟大和"可怕"。这同样是震撼人心的。刘白羽在他的散文《一幅灿烂的生活图画》里，记述了大别山地区一位英雄的母亲，女游击战士张尚文的谈话。有一天她们正在山上吃野菜，敌人从背后包围过来了。她们躲到半山腰一口水塘里，里面盖满了荷叶。"我抱住孩子也跳下去。那正是隆冬天气，水冷透骨，我咬紧牙关，可是生下来没有多久的小孩一下啼哭起来，……敌人骑兵眼看就奔到眼前来了，如若发觉，全体同志不就都遭殃了吗？这时候我知道：要孩子就没同志，要同志就没有孩子，……我心一横把我亲生的孩子捺到水底下，……我的心痛极了，——简直痛得流血了，……"是什么力量使这位母亲横了心，亲手溺死孩子呢？不用说，这不正是人间最伟大的母爱吗？她把自己儿女的爱，升华到最崇高的境界，变作阶级的爱。在长期革命斗争中，我们有多少可尊敬的母亲献出了她们优秀的儿女呢！她又让我们想起鲁迅喜爱的珂勒惠支的那幅木刻《牺牲》。这种母爱也很自然地让我们想起人民，想起我们的祖国，难道这种母爱不值得我们永远歌颂吗？

至于鲁迅先生说到母爱"差不多盲目的"，我想也可以从母爱是一种普遍的人性来考虑。因为鲁迅也说过，有时候父母对于稚子之爱似乎是一种本能。当杨杏佛先生被特务暗杀以后，鲁迅知道杨在临死之前，听见枪声便以自己的身体掩护两个孩子，结果自己被杀害，孩子却未受伤，他为此非常感动。鲁迅说："可见他（指杨杏佛）当时是清醒的，首先掩护了自己的孩子。……就说动物罢，也有动物的本性，临难时也先救护幼小者。有后代，就是有将来！……能够如此，也是不容易的。"（冯雪峰：《回忆鲁迅》）在阶级社会，母爱当然是有阶级性的，剥削阶级的世界观反映在母爱上自然与无产阶级的爱憎不一样，但是也要承认世界上确实存在着一种带有普遍人性的母爱，不好简单化地采取不分析，不承认的态度。

不久以前，我在报纸上看到关于母爱"差不多盲目的"又一实例，这是从正面说明了母爱的伟大。在对越自卫还击战中，烈士的遗体运回祖国,边疆的群众洗擦烈士的遗体,一位老大娘阻止大家使用凉水,她说:"凉水是要引起感冒的呀!"这是典型的母爱的盲目性,人已经死了怎么可能感冒呢!然而有谁又不为这位老大娘的母爱精神而感动呢。我们就是要歌颂这种母爱。我们也要诅咒和批判剥削阶级的母爱观,因为当前也有不少溺爱自己的儿女,纵容子女犯罪的父母。他们看不到子女的缺点,甚至把疮疤看成鲜花,这当然是一种盲目性,是十分要不得的盲目性。

现在南京早已经给斯霞同志恢复了名誉,古平同志又重新拿起笔来写斯霞了,我也释去了对她负疚的重担。前些日子,我在报纸上看到斯霞同志写了一篇文章《"爱生"何罪之有?》,她说:"工人爱机器,农民爱土地,教师爱学生是很自然的事情。……教师为什么不能爱学生?我倒觉得自己还爱得不够呢!"好啊,这是一位母亲的朴素的语言,也是一位母亲的倾心之谈。母爱再也不是让人害怕,夜里使人做恶梦的邪恶的字眼儿了。

1979 年 12 月

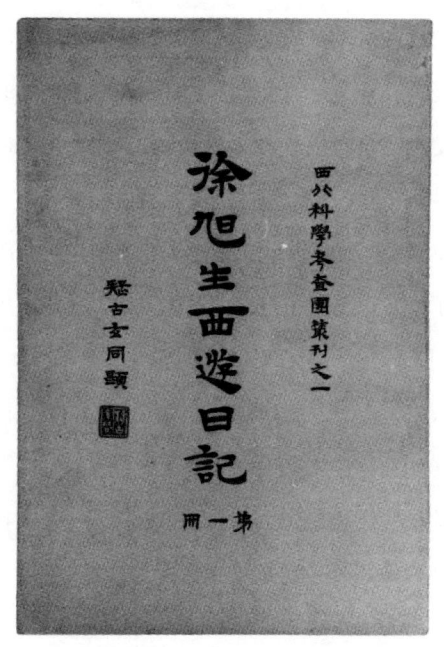

徐旭生与《西游日记》。

鲁迅与《西游日记》

徐旭生名炳昶,是法国巴黎大学的毕业生。他曾经在北京大学哲学系当过教授,也在北京女子师范大学教过书。

查《鲁迅日记》,一九二五年三月十二日便有给徐旭生的信。这一年,徐旭生在北京办《民报》,鲁迅还介绍韦素园去那里编副刊。七月十三日的《鲁迅日记》上记载:"夜霁野、静农来,属作一信致徐旭生,托其介绍韦素园于《民报》。"只是这个报纸的寿命很短,半个月之后就被军阀封掉了。

一九三一年三月四日的《鲁迅日记》里记载:"得徐旭生所赠自著《西游日记》一部三本。"这部书是在头一年九月印行的,由中国学术团体协会西北科学考察团理事会出版,作为"西北科学考察团丛刊之一"。这个协会是个民间组织。《西游日记》的封面为钱玄同所写,此外了无装饰。

据作者徐旭生在自叙中说,他这部《西游日记》的出版与鲁迅先生的鼓励也分不开。徐旭生他们于一九二七年初夏离开北平,先后在内蒙古、新疆进行考察,到一九二九年一月十日才回来。作者说:"东归以后,《东方杂志》的编辑曾由我的朋友周鲁迅先生转请我将本团二十个月的经过及工作大略写出来,我当时答应了,可是迁延复迁延,直延到一年多,这篇东西还没有写出来,这是我十二分抱歉的。现在因我印行日记的方便,把这些东西补写出来,权当作日记的叙言,并且向鲁迅先生同《东方杂志》的编辑表示歉衷。"查《鲁迅日记》,一九二九年二月六日果然有这样的记载:"为东方杂志社作信与徐旭生征稿。"看来,鲁迅先生对他们这次西行也很重视,并热心代别人约稿。

这个西北考察团的成立,实际与抵制当时的瑞典地理学家斯文赫定有关。一九二七年春天,斯文赫定准备到我大西北进行"考察",刚刚成立起来的中国学术团体协会便派人与他们交涉,主要谈判者是诗人刘半农。前后一共协商了十几次,才在四月二十六日订立了合作办法十九条。

那时候,腐败无能的政府无法保护本国的文物和主权,因此在这以前斯文赫定已经单独地深入过我内蒙古和新疆一带进行过"考察"。这一次,他本想继续乘飞机航行天山南麓的大沙漠,绘制地图和探寻古迹,完全由外国人独来独往,任意而行。消息传到了北京大学以及其他一些文化人当中,这些知识界的人士便向当时的政府提出意见:要进行这样的考察必须有中国学者参加,否则不应允许外国人的要求。就这样,西北科学考察团才成立起来,而且一开始就拒绝了斯文赫定提出的乘飞机测绘地图的要求。这件事表现了我国知识分子的爱国精神,同时也是中国考古人员从事的一项有意义的活动。大概鲁迅先生正是出于这种考虑,并了解他们的背景,才乐于代人约稿,鼓动徐旭生执笔。

徐旭生的《西游日记》,以日记体裁写了从北平出发,去内蒙古、新疆考察的全部经过。二十年代的中国交通事业,是很落后的,沿途除由北平至包头有火车外,其余只能以骆驼队来穿行草原和沙漠。所以这也是一次探险性的旅行,更何况还要随时提防土匪的袭击。

作者等随外国人的考察队伍一起编队工作、生活,可以监督外国人的工作,保护国家的利益。从本书来看,作者对于承担的任务也有思想准备,因为他在书中记载了对帝国主义无视我主权,掠夺我文物的愤慨,并记下了对斯文赫定的警惕。如在十月五日写道:"继读《希腊之迹象》。书记德人四次到吐鲁番,共运去古物四百三十三箱!披读之下,中心悒悒。……吾家旧物,不能自家保存,竟让外人随便地攫取,譬如一树,枝叶剥尽,老干虽未死,亦凄郁而无色;对此惨象,亦安能不令人愤悒耶!昨晚赫定先生对我说:此事在科学上并非不幸,因第四次远征队去未几时,即逢地震;如非德人将此等材料运去,即要完全毁灭。"斯文赫定的逻辑是很荒谬的,按照他的说法,中国倒应该感激掠夺我珍贵文物的外国人。

徐旭生表示:"颇欲写诗,借鸣愤慨。"

到了新疆以后,斯文赫定又想乘飞机测绘我地图资料,仍被拒绝。事实证明,这次考察有中国学者一起参加还是必要的。从书中附录的考察合作协定来看,各种规定在一定程度上还是限制了外国人的掠夺,保护了国家的权益。如规定凡直接或间接对于中国国防国权上有关系之事物,一概不得考察,如有违反者,应责成中国团长随时制止。还规定不得以任何借口毁我文物,不得私人购买文物,不能作考古发掘,外国人收集的一切文物要全部交与中国等等。那时候,堂堂的国家政府竟不能出面主持国家的权益,却由民间的爱国知识分子们自发地组织起来保护国家的文物,这对旧中国的统治阶级简直是一个极大的讽刺。

这个考察团,外国人十七人,中国人仅十人,徐旭生是中国方面的团长。当时的政府在经济和物质条件上也没有能力来组织这次考察,只好以外国人为主了。

徐旭生是一位学人,在《西游日记》中还记下了沿途风光和读书笔记。例如他读《辽史》《金史》以后,便感到王国维的《鞑考》疏略欠精;读了小说《绿野仙踪》,便感到作者于道家的知识所知甚多;读了《江湖奇侠传》,便认为此书绝无文学价值,略强于《施公案》,远在《三侠五义》之下,云云。这些作为游记来读,也都是很有兴味的。

一九三二年西北科学考察团又印行了斯文赫定所写的《长征记》一书,徐旭生还为它写了序言。如果把这两本旅行记合并起来读,一定更有意味。

1980 年 1 月

附记:

徐旭生殁于一九七六年,早年译过《欧洲哲学史》,又与乔大壮合译波兰作家显克微支的长篇小说《你往何处去》。《西游日记》中还记录了一些重要的考古发现,如在新疆阜康县三台附近所得的恐龙化石,当时在亚洲还是第一次发现。徐先生以七十多的高龄,于一九五七年参加了共产党。

1985 年 12 月

《蹇安五记》

读鲁迅书信和日记的时候，常常见到鲁迅先生提到《蹇安五记》这本书。一九三五年一月十七日的《鲁迅日记》记载："得曹聚仁信，……并赠《蹇安五记》一本，即复。"果然，同日便有致曹聚仁的信，信中说："《蹇安五记》见赠，谢谢。但纸用仿古中国纸，为精印本之一小缺点。我亦非中庸者，时而为极端国粹派，以为印古色古香书，必须用古式纸，以机器制造者斥之，犹之泡中国绿茶之不可用咖啡杯也。"鲁迅对书籍装帧艺术既内行又讲究，印古书最好用古装亦是经验之谈。未见《蹇安五记》以前，我一直把它当成一部古书了。与我持同样看法的恐怕大有人在，因为前不久我还看到一个注释这样说："《蹇安五记》，旧题蹇安撰。杂记、异闻。"可见注释者亦未见原书，不知其详，杂记云云，估断而已。

某日去旧书店，无意间得到此书，正是踏破铁鞋无觅处，得来全不费工夫，尽管书有点污损，还是买了下来。回家后就灯夜读，谜底方始解开，此书并非杂记、异闻，乃是一本文言短篇小说，亦非古书，今人所作也。

《蹇安五记》是一本线装书，仿古机制纸印，每半页十一行，行二十四字，共六十页。扉页上印有说明，原文如下："《蹇安五记》凡一册，怀宁潘氏暂止斋据手稿校录，由上海汉文正楷印书局代印行世，售价六角正。此为海内珍秘之文，翻印盗刻，虽远必究。"又有凫公序文，作于一九三四年十一月。据他说，十年搜讨本书而获于一旦。原来他曾在故都只见五记中之《玄玄记》《归燕记》二记，"恨其断缺"，后来到上海又发现蹇安的《琐骨记》，前后共得三记，"与前二记同辞，尤诡丽悲痛"，很想一考作者的生平而不能。后来这位凫公有长江之旅，船上得识一人，自称是蹇安的朋友，介绍"蹇叔字安，谯国人"，后"弃功业而为僧"，云云。此人与凫公离别后，寄来蹇安的余稿，由此得窥五记全貌。凫公"恐复散佚，因为校印"。五记排比次第为：《玄玄记》《拾书记》《拾书后记》《归燕记》《琐骨记》。这一段关于本书的来历讲得头头是道，曲折多致，其实凡此种种都不过是凫公的虚构、假托而已。凡是见到本书并翻检一过的人，当知蹇安者实即凫公。

《蹇安五记》用了古雅的骈俪文，果然是古色古香，很像是唐宋传奇，然而其中又夹杂不少现代词汇，诸如"报纸""摩托车""观影剧""组公司""影剧星"，等等。仅此一端便可知道这是一部写现代生活的小说。

这位凫公原名潘式，字伯鹰，凫公是他的号，亦是他撰写说部的笔名，有时又署凫工。他是安徽怀宁人。抗战以前曾为天津《大公报》写连载小说《人海微澜》《隐刑》，后来印了单行本，又曾印过《生还》和短篇集《残羽》等书。作者很熟悉都市生活及知识阶层的喜怒哀乐，他的书多写男女青年的爱情故事。抗战期间他到了重庆，似乎未见有专著。抗战胜利后，他回到上海，曾为北平《经世日报》写过一部长篇小说《海王星历险记》。这部《蹇安五记》实际上写的是男女之间的恋情和离合，用的是文言的形式，再披上了一套线装的衣裳，一时迷惑了不少未见原书的人们。

当《蹇安五记》于一九三五年装印成功，潘伯鹰即托曹聚仁转送鲁迅先生一册。曹聚仁在他未完成的自传《我与我的世界》(1972年10月香港版)中说："潘兄，少年时才华流露，能作骈俪文字，所作《蹇安五记》，近于唐宋传奇文。他叫我送了一部给鲁迅先生，鲁迅也赞叹不已。章太炎师教弟子以魏晋文章，弟子行辈别有胜义。潘兄之作，盖陈鸿《长恨歌传》、白行简《李娃传》之伦，述男女之私，乐而不淫者也。"鲁迅先生亦很喜爱骈俪文字，在这之前他为淑姿女士的《信》作序便用的是骈体文，而且还与许广平披览共读，铿锵有声，甚以为乐。《蹇安五记》文字古朴流畅，也不俗气，这也许就是鲁迅先生对这部书不无兴趣的原因吧。

潘伯鹰又精诗词书法，十几年前在上海印过一部《中国书法简论》,上下两卷,洋洋大观,所以知潘伯鹰为书法家者多,知他为小说家者少,知他是《蹇安五记》作者的就更少了。

鲁迅与淑姿女士的《信》

读鲁迅的《集外集》，里面收有一篇《〈淑姿的信〉序》，多年来很想一读这本《淑姿的信》，可是总也无缘得见。某年，在上海书店随便翻检旧书，忽见一本《信》，署名金淑姿女士著，我想一定是鲁迅为之作序的那本《淑姿的信》了。一翻之后，果然在作者的遗照之后便有鲁迅先生手写的那篇短序。

《信》于一九三二年九月由新造社出版，北新书局发行，编者署名断虹书室，实即室主人程鼎兴，淑姿女士的丈夫。鲁迅的序写于同年七月二十日，《鲁迅日记》中记载："为淑姿女士遗简作小序。"据许广平同志介绍，这位程某是一位陌生人，鲁迅因受友人费慎祥之托而为本书作序。这位费慎祥当时是北新书局的职员。后来他办了联华书局，鲁迅曾交给他一些著作出版。鲁迅也很欣赏自己为《信》写的这篇短序，因为全篇用的是铿锵入调的骈体文，当时鲁迅先生和广平女士还一起朗朗诵读。我想鲁迅先生之所以喜欢它，主要是在这含蓄的文字里替淑姿女士鸣了不平，并击刺了那个虚伪的程某。

鲁迅先生从来不轻易为他人作序，更不愿写应酬文章，这位程某原想请别人为自己的"多情"来说些好话，没想到序文里却婉转地谴责他是一个"薄幸郎君"。他只好吃了哑巴亏,不声不响地将序文印在书里,甚至自己写了一篇《冠在〈淑姿的信〉上》,也只字不提鲁迅先生写序的事。

关于淑姿女士,据程鼎兴介绍,他俩从女士十四岁时开始通信,女士十八岁时与程订婚,二十二岁时行婚礼。"奈蜜月中,其父见背,多所不欢",遂南归,"时我糊口天涯,未得同行"。次年八月十一日女士忽病,十五日"夜中秋月蚀时,竟弃我而仙逝了"。这遗简的内容主要是淑姿女士婚前对于爱情的向往,以及婚后被遗弃的哀诉。鲁迅先生在写序时,想是看完了这部遗简,因为序文的内容全是从遗简中得来。鲁迅说金女士"虽生旧第,亦溅新流",这是说作者原来也在新式学校读书,后来失学,虽然封建家庭逼她整日绣花,她却厌恶之至,一心读新文学书刊,流连叶圣陶、冰心的小说和鲁迅的《呐喊》、杨振声的《玉君》等等。她喜欢作白话文,也写新诗,从她的遗简里也能找到几首诗,可惜因为生活的限制,多是些浅显乏味的作品。鲁迅说她"既茁爱萌,遂通佳讯,排微波而径逝,矢坚石以偕行,向曼远之将来,构辉煌之好梦"。一个乡村小镇上的少女,对于一个青梅竹马的伙伴怀着一片痴情,向对方献出了自己坚贞的爱情。等到对方到了省城,进而到上海念大学以后,这个少女还时时向往着自己的好梦,有时又唯恐自己这个僻乡的村姑不能般配对方，不断在闺中潜修自学，以期将来能有共同的幸福。她曾经为自己的爱情感到骄傲，当她看到亲属当中的一位女子只是求门当户对而结婚时，曾经写道："哈！他们只爱金钱，而不重爱情，到底有何趣味？不过财主婆的地位可得到了，也算光荣了吧！"联系自己的爱情，这时的淑姿女士充满了幸福感。

正如鲁迅先生所说："然而年华春短，人海澜翻。远瞩所至，始见来日之大难，修眉渐颦，终敛当年之巧笑，衔深哀于不答，铸孤愤以成辞，远人焉居，长途难即。"正当淑姿女士殷殷地期待将来能与爱人永远生活在一起的时候，对方的来信渐疏了，甚至半年之久也不通音讯。偶然来一封短简，也只三两句话，是"冰一样冷的信"。可是女士仍然忠于爱人，体贴入微地关怀对方的身体，还想为他做一双棉鞋，又关怀他诗集的出版。为了争得将来共同生活的幸福，自己虽然长期孤独地生活，可仍然打起精神想去投考医药学校，或去当完小的教师。女士最后的若干封信完全一扫恋爱时期的天真可爱，充满了寂寞和凄苦的感情。特别是病体缠身，一腔愁绪，令人感伤。那时她几乎连写信的气力都没有了。在最后一封信里，尽管她说："屈指算来，至今已半载余了，我屡次寄信给你，可是你总只字不回，老是一个不理。……我自想来实无亏负了你的去处，你难道就同陌生人一般，毫不念及我吗？"她想到了死，但又抱憾死前不能得见爱人一面。她想离开乡村去城里看他,又"知道强求人的行事与欢心是最使人难堪的事,所以当我未动身以前,还是请问你愿否见我,如不愿的,也请告知我"。即使这最后一封信,也还是对爱人的妥协和哀求,未能忘情于对方。她说:"我死也不能忘怀的鼎兴呵!你主张我居家中,我也很愿意,只要你常常寄信来。"可是恰如鲁迅所说:"远人焉居,长途难即",往何处去追寻昔日的爱情呢!这位程某在淑姿女士死后出版这册遗简时,居然大谈起这些信表现了"自然的真""情调的真",实在厚颜。他在淑姿的最后一封信中还为自己不理淑姿的行为辩解道:"流离海上,窘于生涯,客怀落寞,终鲜裁答;其境使然,岂有异心哉?"更为可气的是,他虽说淑姿女士"临殁尚恨曰:恨呵!鼎兴!"可他对于淑姿女士的死却轻飘飘地表示:"夫生于浊世,固不免苦痛;生则恨,死则安矣。"完全暴露了一个薄幸子弟的市侩气。所以鲁迅先生用"而中国韶年,乐生依旧",活画出这个负义者自私的嘴脸。

  鲁迅先生对于含恨而终的淑姿女士充满了同情,他评价女士的遗简"文无雕饰,呈天真之纷纶,事具悲欢,露人生之鳞爪,既欢娱以善始,遂凄恻而令终。诚足以分追悼于有情,散余悲于无著者也"。这位程某在爱人生时一种态度,死后又扮成另一种模样,这与他故意卖弄"情调的真"等形成了绝大的讽刺。鲁迅先生的一篇序言，巧妙地撕开了薄幸者的假面，给这位借亡人以表示自己多情的编者以难堪，给后人留下了一份难得的教材，这正是编者所预想不到的吧。

1980 年 10 月

盲诗人的《枯叶杂记》

俄国盲诗人爱罗先珂,在他本国的文学史上也算不得怎么被重视的人物,但是这位并不出名的外国作家,"五四"以后却影响了我们不少文学青年。这功绩,应该属于鲁迅先生。

鲁迅先生翻译介绍了爱罗先珂的好几本书,主要的是《爱罗先珂童话集》和《桃色的云》。鲁迅赞扬他用了血和泪来写书。在《狭的笼》译后附记里,鲁迅还把爱罗先珂与印度诗圣泰戈尔相比。爱罗先珂在《狭的笼》里反对印度古老而野蛮的风俗"撒提",即男人死后,将寡妇和死尸一处焚烧。鲁迅说:"广大哉诗人的眼泪,我爱这攻击别国的'撒提'之幼稚的俄国盲人爱罗先珂,实在远过于赞美本国的'撒提'受过诺贝尔奖金的印度诗圣泰戈尔;我诅咒美而有毒的曼陀罗华。"这些话是鲁迅翻译完爱罗先珂的头一篇作品以后讲的,时在一九二一年八月,那时盲诗人的双脚还没有踏上中国的土地。说来真不简单,早在半个多世纪以前,鲁迅先生就大不敬于享誉世界文坛的泰戈尔,而瞩目于了无声名的爱罗先珂,这种胆识怎不令人敬佩。

一九四七年十二月,巴金在编完译文集《笑》以后,特别提到爱罗先珂对"五四"以后一代新文学作家的影响,他说:"我喜欢

丁聪绘《鸭的喜剧》插图，
图中人物即爱罗先珂。

的倒是《狭的笼》《雕的心》《幸福的船》等，它们给我（还有和我同时代的青年）的影响实在太大了。"一九三一年三月，巴金在编完爱罗先珂的童话集《幸福的船》时说过："他（指爱罗先珂）象一个琴师，把他'对于人类的爱和对于社会的悲'谱入了琴弦，带着一个美妙而凄哀的形式，弹奏出来，打动了人们的心。"

鲁迅、胡愈之、巴金、夏丏尊，这些作家都翻译过盲诗人的作品，他们都被这位异国的琴师所打动了。

爱罗先珂在印度以"带着无政府主义的倾向"先不容于英国人，接着又被日本看作"宣传危险思想"而驱逐出境，于是他来到了中国。从一九二一年八月到一九二三年四月，他在中国居留的时间并不长（这中间还到赫尔辛基去了四个月），但是，苦难的中国又"在他的苦人类之所苦憎人类之所憎的心上永远刻印了一条悲哀的伤痕"（巴金）。他来到中国便把全部同情献给了被压迫的中国劳动人民。他写出了对上海的印象和感受，这就是胡愈之译的《枯叶杂记》。

我很喜爱《枯叶杂记》这本小书，也很爱这书名，觉得它富有诗意和中国气息。我还喜爱它的小开本。这本书宽十厘米，高十五厘米，作为东方文库的第八十一种，于一九二四年四月由商务印书馆出版，而且是《东方杂志》二十周年纪念刊物。

《枯叶杂记》是胡愈之据世界语译出的，副题是"上海生活的寓言小品"。在序言前面,爱罗先珂还写着:"本书奉献于我的在上海的亲爱的友人们"。序言之外,全书共分六章,计:街之树、幻想之国、一个小女孩子的秘密、"人马"、独一无二的宝贝、小脚女子。

爱罗先珂以街头的一棵大树作为古老的中国的象征,满怀深厚的同情写下对中国人民的情谊。这棵历经沧桑的古树正是历史的见证:"这树看见百姓们被本国人抢劫着,同样地更被黄种和白种的外国人抢劫着……。"他用童话和诗的语言呼唤人们去寻找那":幻想之国",设法去创造那充满了真理、正义、自由的国家。可惜,爱罗先珂尽管同中国人民一样反对日本和英美帝国主义,但他的理想之国亦空洞得很。

《一个小女孩的秘密》的主人公是牵念将要死去的十二岁的哥哥吗?是关心被卖去的两个姐姐的命运吗?最后她的哥哥终于惨死,她自己也走了姐姐们的老路,被卖去来埋葬她的哥哥了。枯叶无力来帮助她,大树沉默不语,有谁能了解小女孩心中的隐秘呢?

《人马》是指人力车夫。一个凄苦的夜晚,人力车夫伤感地围抱住大树对枯叶说:"到了什么时候,我才能不给人家做马匹呢?到了什么时候,我才能不给人家做驮重的牲畜呢?……"这一天终于到了,但不是他的新生,却是当他的肺叶全部毁伤、吐血的时候。

第二天早晨，警察发现街头大树底下躺着一个人力车夫的尸体，身上披满了枯叶。据警察局里的医生验明，那人力车夫是因心脏碎裂而死。爱罗先珂却说，这人的心是因为憎恨全人类和人类的文明而碎裂的，是因为诅咒天和上帝而碎裂的，因为上帝已经把人间变成了地狱。

那小脚女子坐在大树底下痛苦地号啕着，大树却始终不言语。她只好艰难地离开了大树，向着大江走去。她哭泣着投向波浪的江心，想到那里去寻找安息。第二天早晨，江上的渔夫们打捞起一个美丽的小脚女子的尸首，但是有谁知道她是一个在寻找幸福的美丽的生命呢？

爱罗先珂以他哀婉的笔墨为我们描画了一幅旧时代的流民图。最后，他以激烈的呼喊来结束了这本书：

啊，大江呵！……难道在这世界里奴性的动物还不够多吗？难道在这地球上势利的畜生还嫌太少吗？难道在这国里为了金钱会得把一切都卖掉的贪得无厌的王八羔子还有添加的必要吗？啊，大江呵……

爱罗先珂不愧是中国人民的好朋友，他的《枯叶杂记》能够唤起当时人们对现实的愤慨，引起人们的共鸣，莫怪它打动过那么多人的心。至于爱罗先珂的思想，还是鲁迅先生说得好："通观全体，他于政治经济是没有兴趣的，也并不藏着什么危险思想的气味，他只有一个幼稚的，然而优美的纯洁的心，人间的疆界也不能限制他的梦幻，所以对于日本常常发出身受一般的非常感愤的言辞来。……我掩卷之后，深感谢人类中有这样的不失赤子之心的人与著作。"

盲诗人对于中国也发出了"身受一般的非常感愤的言辞来"，《枯叶杂记》把我们的心同盲诗人的心拴在一起了。

1978 年 5 月

陶元庆之死

不久以前,许钦文先生在杭州病逝了。这让我联想到他同画家陶元庆的友谊,想到他们两位在青年时代与鲁迅先生的亲切交往。

鲁迅先生非常欣赏陶元庆的画,他的著译《彷徨》《坟》《朝花夕拾》《苦闷的象征》《唐宋传奇集》等,都是由陶元庆设计的封面。那幅炭笔素描的鲁迅像,更是鲁迅先生十分珍爱的。鲁迅以为陶元庆的绘画艺术是新的,却又是民族的,品格极高。

陶元庆生于一八九三年,一九二九年八月十日的《鲁迅日记》记载:"夜得钦文信,报告陶元庆君于六日午后八时逝世。"许钦文深知鲁迅先生痛惜的心情,他从杭州特地托人给鲁迅带来陶元庆死后拍的照片三张。那是在鲁迅得悉陶元庆逝世消息后的第四天。从《鲁迅日记》上看,十四日这一天夜里有大风雨,"屋漏不能睡","午钦文托人送来璇卿逝世后照相三枚。……"故人的这三张照片,怎么能使先生在风雨之夜安然入眠呢。

同月二十六日,许钦文在料理完丧事之后来到上海,当面向鲁迅先生讲了亡友逝世的经过,估计还讲到要为陶元庆修坟和建纪念堂的事,所以在同年九月八日的《鲁迅日记》里便有这样的记载:"下午钦文来,付以泉三百为陶元庆君买冢地。"这样的行动,在鲁迅先生的经历中是不多见的,足见他对这个青年画家爱护之深。

我们当然无法了解当年许钦文是怎样向鲁迅讲的,也没见过有人介绍画家弥留之际的详情。最近偶然翻看一九三五年十一月上海光明书局出版的《当代尺牍选注》(谭正璧选注),发现许钦文致钱君匋、黄萍荪的两封信,恰好谈的是陶元庆逝世的经过,可以弥补我们的遗憾。鲁迅先生说过,陶元庆"在那黯然埋藏着的作品中,却满显出作者个人的主观和情绪",他的死也带着浓厚的艺术家的色彩,显示着一种"主观和情绪",说来令人感动。

据许钦文的介绍,陶元庆并非得了什么不治之症,而是长期以来受了生活的颠沛,情绪受到刺激,身心疲惫不堪。他需要一个创作环境,还有许多作品要保藏,可是他被迫不得不经常迁居,房子越住越小,又闷热,又潮湿。他心爱的那些创作,哪怕在搬动时留下一点手指的印痕,在他也是不能忍受的。"在物件上多一手指甲的疤痕,他底心上就会受一创伤,玻璃敲破,画面受损,这在他是何等难堪的事。"(见《致钱君匋书》)陶元庆是一个追求艺术完美的画家,他希望有一个理想的天地,然而教书得来的报酬,刚够他糊口。他的梦幻无法实现,他的矛盾肯定是很深沉的。他极端衰弱的身体已经承受不住意外的打击,前后不过十天就故去了。

当陶元庆躺在病床上听音乐的时候,他"屡次赞美世界",不愿离开人间。这种强烈的求生的愿望也是伟大的。有一次他虚脱过去,醒来之后,先是笑笑,接着说:"这样死去很是愉快,只觉得轻飘向上,同时也觉得身子有点发沉罢了。"许钦文说他"临终如睡去,无遗嘱"。盖棺的时候,许钦文为他拍手呼唱:"元庆很快乐!元庆胜利了!"(《致黄萍荪》1929年8月22日)一个有为的画家,就这样被贫困夺去了生命。当鲁迅听到许钦文当面诉说这一切时,能不为之黯然吗?

一九三一年八月十四日夜,也就是陶元庆逝世三周年的那几天,鲁迅先生又翻出那本画集《陶元庆的出品》来。他反复摩挲,不忍释手,最后提笔在画册上写下了沉痛的几行字:"此璇卿当时手订见赠之本也。倏忽已逾三载,而作者亦久已永眠于湖滨。草露易晞,留此为念。乌乎!"鲁迅先生时时在怀念这位有才能的青年画家。

一直到一九三六年,鲁迅先生在和茅盾通信时,仍然提到陶元庆,也为许钦文的遭遇鸣不平。他在九月三日的信中说:"最失败的是许钦文,他募款建陶元庆纪念堂,后来收款寥寥,自己欠一批债,而杭州之律师及记者等,以他为富翁,必令涉入命案,几乎寿终牢寝,现在出来了,却专为付利子而工作着。"只有诚实愚讷如许钦文这样的文人,才有如此对待朋友的一片痴情,也只有像鲁迅先生这样赤诚的人,才肯于同情和支持这些带着艺术家的气质,又喜欢做梦的青年人。这个世界正是因为有这样一些痴愚的人，才显得这么美好，这么使人留恋。

至于鲁迅说的许钦文"涉入命案"和"寿终牢寝"的事，那是因为陶元庆的妹妹陶思瑾住在许家，因妒杀了同学刘梦莹，许钦文被牵累而入狱。

当年在杭州玉泉道上的陶元庆墓，因了鲁迅先生的捐赠，本来周围还有围墙、铁栅和花木，早在解放以前就被人盗光，不知现在还能找得到这座坟墓否？当初建墓时，鲁迅先生想得很周到，他跟许钦文说："许多古坟，坟墓本身已经陷下，柏树往往仍巍然存在。"（许钦文：《学习鲁迅先生》）然而，柏树到底没有种起来。这不免让人想起，画家是死了，可他的作品却应该永在。鲁迅先生是不会忘记陶元庆的，他也一定希望后人永远记住这位画家。

鲁迅与宫白羽

三十年代后期,天津出现了一个以写武侠小说《十二金钱镖》而名噪一时的宫白羽。大概书店老板为了生意吧,又让作者写了一本自叙传之类的文字,借以满足热衷于读他的武侠小说的读者。这便是《话柄》一书。

《话柄》于一九三九年十二月,由天津正华学校出版。全书共分"我的生平""我的故事""我的新闻"三章,附有图片多幅及文人墨迹,其中包括鲁迅、周作人、张恨水、刘云若等致作者的书简手迹。

鲁迅给宫白羽写信是在五四运动后不久的一九二一年,这些信已全部收入新版《鲁迅全集》,那时作者的名字叫宫竹心。信的内容,此处不必赘述。但是,《话柄》中关于作者与鲁迅交往的事实却是引人注意的,也可以说这部分内容最具史料价值。

当年,宫白羽曾多次去拜访鲁迅先生。谈话中颇有一些有趣的内容,如鲁迅对自己的作品满意的是《孔乙己》,还说过:"这一篇还平心静气些。"怎样来理解鲁迅这句话呢?我想很可能是指写小说,作者要尽力避免夹叙夹议,滥发感慨,而是让人物的行动来说话。宫白羽还举了一个例子,当他把自己写的小说《厘捐局》送给鲁迅阅正时,鲁迅先生以为从结构上看还算不上小说,不过是随笔而已。文中写一个卖鸡蛋的老人,被厘捐局压榨,用了"可怜这个老人,两手空空的回去了"这样的句子。鲁迅建议他可否改成"只是这个老人,两手空空的回去了"。因为"可怜"二字近乎感叹,有点多余。鲁迅反对写小说附加空论,他在自己的作品中也尽量不用这种近乎无力的形容词。他写小说惜墨如金,称得上是少用或不用形容词的典范。

宫白羽又说到,一次同鲁迅先生谈到小说的题材问题。鲁迅以为当时作者们的生活面狭小,所写的不外学生生活。宫白羽甚以为是,便简单地表示不再写了。但鲁迅先生决然地回答:"但是还可以写。"又谈到当时的作者们为表现同情劳工,纷纷以车夫乞丐作了小说的主角,宫白羽表示可以转换题材了,鲁迅又决然回答:"但是还可以写。"鲁迅的回答,不禁使作者诧异。这倒让我们想起鲁迅先生后来讲过的,即使同是写跳舞厅吧,革命者和公子哥们写的是不会相同的。一个作家对于生活认识的深浅,文学艺术修养的高低,表现手法的优劣,固然可以造成作品的差异,但作者以什么样的立场和思想感情来描绘生活更为主要。这后一个故事,对我们来说同样是有现实意义的。今后恐怕谁也不能限定或全盘否定某些题材,也许还用得上鲁迅的"但是还可以写"这句话吧。

宫白羽在《话柄》中所记的鲁迅的谈话，皆不见于鲁迅书信中，虽是片断的、不完整的记载，也很珍贵。光是鲁迅比较满意《孔乙己》这一条，就足可供研究家们仔细地体味了。据新版本《鲁迅全集》介绍，宫白羽生于一八九九年，殁于一九六六年。他在成为武侠小说家之前，曾经在北京、天津长期从事过新闻工作。当年他失悔于不听鲁迅先生的劝告，靠卖文求学的路果然没有走通。没有想到，后来为生活所迫却又走上了卖文为生之途，而且是靠写武侠小说过活。他在《话柄》自序里说："一个人所已经做或正在做的事，未必就是他愿意做的事，这就是环境。环境与饭碗联合起来，逼迫我写了些无聊文字。而这些无聊文字竟能出版，竟有了销场，这是今日华北文坛的耻辱……"如果这是老实话，也足见作者心情的矛盾了。

1981 年 9 月

鲁迅与萧红

一 小引

一九三四年十月,一个二十三岁的东北少女,突然闯进鲁迅先生的生活里来。她立即引起鲁迅先生的注意。先生待她如亲人,又视她如调皮的女儿。她,就是萧红。

一个陌生的姑娘,从遥远的关外流浪到举目无亲的上海。原来一颗对未来充满了憧憬的心,被几年来的流浪生活打击得已经有点冰冷了。然而,当她找到鲁迅先生以后,她的希望萌生了,心里的冰块开始融化。

在这以前,世界上已经有了一个在生活中挣扎搏斗的萧红,一个不甘心做奴隶的萧红。鲁迅先生很喜欢这个性格坦率的东北姑娘。萧红呢,她从小得不到父爱,没有家庭的温暖,她把鲁迅当作自己的老师和父亲。原来一双对人世间充满了怀疑的眼睛,一下子明亮起来,一个独立无援的贫弱的女孩子,一下子就找到了自己的家。

鲁迅先生全家同这个姑娘一见如故。鲁迅先生喜欢她,关怀她,指导她;许广平同情她,爱护她,处处照应着她;就连小小的海婴也不愿意离开这位年轻的、梳着两条小辫子的东北阿姨。萧红成了先生家中的常客，彼此亲密得宛如一家人。

萧红，正是由于鲁迅先生的帮助，终于闯入了上海文坛。从此，一股沁人心脾，带着朝露般的清新的风便吹进了文艺界，中国现代文学史上一位有才华的青年女作家诞生了。

萧红在文坛上健步地奔跑着。人们看到在她前进的脚印下，也流着一位慈祥老人的汗珠，这老人正是鲁迅。

在那个阴云遮天的苦难年代，没有鲁迅先生，也就没有了作家的萧红。她很可能默默无闻地寂寞下去，失望和颓唐甚至会毁掉她。是的，没有鲁迅先生在荆棘满地的前面为青年们开路，萧红以及她同时代的一批青年作家，很难冲出牢笼走进文坛。三十年代出现的一批生龙活虎般的青年作家，有谁没有直接或间接地受过鲁迅的哺育？在建立我国现代文学队伍方面，鲁迅先生立下了不朽的功勋。鲁迅是中国青年作家之父，他一生对青年的教诲和帮助，是人们永远感念的。

现在，让我以鲁迅与萧红的交往为线索，追述一些往事，用以歌颂鲁迅先生的功绩于万一。

二 "快快长吧！"

萧红，一名悄吟，原名张乃莹，一九一一年诞生于黑龙江省松花江北岸的一个小城——呼兰县。"那县城差不多就是中国的最东最北部……一年之中,倒有四个月飘着白雪。"(萧红:《永久的憧憬和追求》)

她一生下来便受到家人的诅咒,因为按照旧时迷信的说法,端阳节生下的孩子是不吉祥的。因此,萧红连生日的自由都没有,她从小就被人们指定推迟三天出世,硬说生日是五月初八。这件事,给萧红幼小的心灵埋下了阴影,多年之后,当她讲到这件隐秘时,心里还感到深深的不平。

萧红的父亲是一个贪婪成性的地主,萧红说:"有一次,为着房屋租金的事情,父亲把房客的全套马车赶了过来。房客的家属们哭着,诉说着,向着我的祖父跪了下来,于是祖父把两匹棕色的马从车上解下来还了回去。"(萧红:《永久的憧憬和追求》)但是,残暴的父亲却像对待仆人似的终夜骂着祖父。九岁时,萧红的母亲死了。"父亲也就更变了样,偶然打碎了一只杯子,他就要骂到使人发抖的程度。"从此,萧红便同慈爱的祖父一起生活。后来,萧红在《呼兰河传》里,曾经写到她同祖父在冷清的后园里度过的那些寂寞的日子。

"父亲打了我的时候,我就在祖父的房里,一直面向着窗子,从黄昏到深夜——窗外的白雪,好象白棉一样的飘着……"遇到这种时候,祖父经常抚摸着小孙女的头发轻声地对她说:"快快长吧!长大就好了。"

"长大就好了吗?"萧红用怀疑的小眼睛望着祖父,但她心里却永远记住了祖父对她的希望。

一九三一年,就是"九一八事变"那年,萧红已经二十岁了。残忍的父亲逼她嫁给一个旧军人的子弟,为了反对封建包办婚姻,她逃出父亲的魔掌,从此开始了流浪生活。

又有一种说法,一九三〇年暑假,萧红被迫退学待婚。在辍学期间,曾经在当时吉林省阿城县福昌号屯的叔伯家寄居。一九三一年九月二十四日,在中秋节的前两天,萧红因与地主伯父的思想矛盾,从阿城县逃到了哈尔滨,从此无家可归,开始流浪。

哈尔滨的冬天真是难过啊!萧红在那座大城里只有一个姑母。有时候,她已经在街头流浪了一天,深夜连饭都没有吃。去敲姑母的门吧,倔强的萧红从心里又不乐意。有时候鼓起勇气去敲了门,等里面有人问是谁的时候,却又动摇了,马上转身跑开。于是她就这样饿着肚子,在哈尔滨的街头无目地转上一夜,盼着寒夜早早过去,天快一点亮。第二天一大早,她便去找女同学,还得偷偷地怕被学监看到。"找到相好的同学,给我一顿饭吃,她去上课,我便在她的床上睡一觉。……"

萧红害怕回忆这一段艰难的生活,冷酷的社会给这位年轻的姑娘带来极大的创伤。后来,她在散文《初冬》《黑夜》里,描述了当年她离开家庭以后那种坚毅、矜持的心情,以及流落在哈尔滨街头的生活,那时她一身褴褛,连脚下的一双破帆布鞋,还是用拣来的两根废电线系住的。

一九三二年,她困居在道外区的一个旅店里,积欠的饭费和房租使她成了"人质",一步也不能离开旅店。萧红曾经在短诗里写道:"我生活的痛苦,真是有如青杏般的滋味!"(《偶然想起》)她走投无路,孤立无援,便写了短诗投给哈尔滨的《国际协报》副刊。在短诗里,萧红透露了自己的处境,向社会伸出了求援的手。那时萧军、舒群都在哈尔滨,他们去报社查明了地址,先后到旅馆去看她。借着哈尔滨正发大水的机会,乘旅店老板忙于抢运物件,萧军偷偷地用一只木划子接出了饥饿的萧红。逃出来的时候,她随身的行李只有一件背上已经破了的布旗袍,此外便一无所有了。萧红在患难中得识萧军,从此他们便生活在一起,开始了新的跋涉。后来,萧红在《商市街》和《桥》这两个集子里,有好几篇是描写他们同居后的生活。当时尽管不是一个人在挣扎了,日子却过得未必好多少。生活总是给萧红带来意想不到的磨难。

一直到一九三六年十二月,当萧红应《西行漫记》的作者斯诺之请,为他编译的中国现代作家小说选集《活的中国》写小传时(后来萧红的作品不及收入书中),她还没有忘记童年时代祖父对她的希望:"快快长吧!长大就好了。"然而,残酷的生活教育了萧红,她不得不沉痛地写道:

长大是长大了,而没有好。

可是从祖父那里,知道了人生除掉了冰冷和憎恶而外,还有温暖和爱。

所以我就向这温暖和爱的方向,怀着永久的憧憬和追求。

倔强的萧红,你究竟要到哪儿去追寻你的憧憬呢?你可曾在人间寻到了温暖和爱?

三 《跋涉》的厄运

萧红在哈尔滨市的东省特别区区立第一女子中学(现在改为第七中学)读到高中二年级。她在学校里参加过爱国学生运动,但是并不是一个最活跃的分子。她既聪慧又热爱文学,还喜欢绘画。她组织过同学到野外去写生,也读了"五四"以后有影响的一批作家的作品。她读了鲁迅的书,读了茅盾的小说,冰心、徐志摩的诗。她还看了郭沫若以易坎人笔名译的美国作家辛克莱的小说《石炭王》和《屠场》。她也爱写诗,当时曾发表在《国际协报》的副刊上。后来她还不断地写,那些诗倾诉的都是她对生活的爱和恨。有些诗没有发表过,抄在她所珍藏的一个红色的小本子上。

萧红从小热爱大自然的景色,同祖父在后园一起生活时,经常独自坐在那儿写生。在哈尔滨读书时,也常常坐在松花江边去描绘那远去的大江。灵巧的萧红还喜欢民间艺术,她为农村小镇上的少女们设计过花鞋和衣服上的绣花样子。在流浪生活中,萧红还为电影院画过海报,这在她写的小说《广告副手》中有所反映。萧红对于绘画的爱好,影响了她文字风格的清丽和洗练。她的散文带有浓烈的牧歌风味,写景的能力是很强的,甚至连小说也带有抒情散文的风格,富有诗的魅力。

一九三三年,萧红开始创作小说。这年五月,她写了《王阿嫂的死》;六月她写了《看风筝》;八月又写了《小黑狗》《夜风》;十月,她同萧军合印了第一部作品的单行本《跋涉》,署名悄吟。

《跋涉》是得到友人舒群等人的帮助自费印行的,当时只印了一千册。但是,即使印数极为可怜的这本书,也逃脱不了日本帝国主义和汉奸的眼睛。书中收了萧红的五篇小说:《王阿嫂的死》《广告副手》《小黑狗》《看风筝》《夜风》。在扉页上，萧红写了一首小诗《春曲》：

这边树叶绿了。
那边清溪唱着：
——姑娘啊！
春天到了。

这首短诗的含义很浅显，但是，当我们了解到萧红的身世时，我们可以看出这个不甘心向生活屈服的姑娘多么向往春天，多么热爱生活！

《跋涉》收萧军的小说《下等人》等六篇。据萧军说，《跋涉》这本书的"大部分的稿子，都是萧红所抄写的。永远不安定的洋烛光使她的眼睛痛了，然而还是抄写，抄写……"除了抄写原稿以外，萧红还要跑到印刷所去自己装订这本书。《跋涉》费尽了萧红的心血，但是当书一送到书店的时候，没有几天便被禁止发售和强行没收了。当初编书时，萧红就担心它的命运，因为尽管呼声微弱，书里始终发出的是不愿做亡国奴的声音。"九一八"以后的东北，怎能容得中国人民的呼声呢？关于这本书的印行情况，后来萧红在散文集《商市街》中曾有所记述。

《跋涉》中所收萧红的五个短篇，写到城市中失业的青年、农村雇工和妇女们的命运；也写了农民不甘地主的压迫和欺骗，终于参加了义勇军的故事。萧红还写了革命者的斗争生活，虽然表现得不太有力，也不准确，总算是写到了希望和光明。从《王阿嫂的死》和《夜风》中，我们还可以看到她后来在中篇《生死场》中所塑造的人物的原型。

萧红的初期创作，留给人们一个鲜明的印象：她的创作倾向是健康的，一开始就同劳动人民的生活和民族的自由解放联系在一起。这是非常可贵的。

《跋涉》这书名，很形象地反映了萧红当时的生活。这本小书的问世和被禁，也是她在文学事业上跋涉的开始。在那茫茫暗夜里，不知萧红还要走多少坎坷的长途！

四 小小的"抗议"

年轻人再也无法忍受当亡国奴的生活了，像当时的很多东北流亡青年一样，一九三四年五月，萧红同萧军乘大连丸邮船的四等舱，流亡到关内来。最后，他们到了青岛。

这一年的九月，萧红在青岛写完了她的第一部中篇《生死场》。生活仍然是艰难的，她一边写作，一边还要当家庭主妇，每天要到市场上去买菜，劈柴烧饭。那时候，有人看到萧红经常用有柄的平底锅烙葱油饼吃。她穿着后跟早已经磨去一半了的破皮鞋，头发却用一条天蓝色的绸带子束成两条短辫。后来穷得连葱油饼也吃不成了，就到马路上去卖家具。萧红满不在乎地跟着装满破家具的独轮车在街上跑着。尽管生活这么苦，她还是把全部心力都用在《生死场》上，同时怀着一种朦胧的希望。然而，文海茫茫，到处都是险阻，一个年轻人是多么难以闯入。那时有谁知道萧红这陌生的名字？有谁想看一看这厚厚的原稿，帮助这个来自东北的流亡青年？

萧红想起一个人来，一个她所崇拜的长者，一个曾经给很多青年人带来过勇气和希望的人……现在，似乎也只有这个人还可以试一试了！于是她怀着不安和希冀的心情给鲁迅先生写了一封信（当然，同时写信的还有萧军）。她在信中还附上了刚刚抄就的《生死场》和当年在哈尔滨印的《跋涉》。

一九三四年十月九日，鲁迅先生的复信来了。他果然没有拒绝这位陌生人的求援，对萧红刚刚完稿的作品，鲁迅在信中说："我可以看一看的，但恐怕没工夫和本领来批评。"这是鲁迅先生在收到信后的当夜作复的。

鲁迅先生的这封普通的来信，在萧红一生中是多么重要啊！特别是对这个在人生的大海里，已经过早地受尽了冷遇的少女，这简直犹如救生似的鼓励。她很快地结束了青岛的生活，用手头仅有的一点钱，登上日本货船，默默地挤坐在货舱里，用咸鱼和粉丝等杂货为伍，一起飘流到上海来。

这一次的流亡，似乎与以前不同了。以前看不见前面有什么希望，现在，在她的心里时刻都在想着鲁迅先生。她多么想马上见到鲁迅先生啊！她想象着鲁迅是怎样的一个人，严厉呢，还是慈祥？她又写信给鲁迅，并表达了想早一点见到先生的愿望。

十一月五日，鲁迅先生的复信又来了，信中说："你们如在上海日子多，我想我们是有看见机会的。"就在这封信中，鲁迅按照当时的常例，称呼萧红为"吟女士"。

没想到过惯了底层流浪生活的萧红，出于年轻人的一种稚气和野性，她不惯于听上流社会所习用的先生、太太、女士一类的称呼。萧红自以为同旧社会是格格不入的，写信时便孩子气地向鲁迅先生表示了对称呼的不以为然，算是对先生发出的一个小小的"抗议"。

鲁迅先生吃惊于这个对旧社会如此敏感的姑娘，这倒引起鲁迅先生的关切。他很喜欢这个东北姑娘的倔强，以及她那直率的性格。十一月十二日的复信中，鲁迅先生亲切而幽默地回答：

> 对于女性的称呼更没有适当的。悄女士提出抗议，但叫我怎么写呢？悄婶子，悄姊姊，悄妹妹，悄侄女……都并不好，所以我想还是夫人太太，或女士先生吧。现在也有不用称呼的，因为这是无政府主义式，所以我不用。

读到这段文字时，我们仿佛看到鲁迅先生写信时是含着微笑的，恰如对待一个调皮的孩子。通过这个细节，鲁迅也猜出了残酷的生活一定折磨过这个姑娘，无情的社会已经伤害了姑娘的心，否则她是不会轻易对一个陌生人这么顽强地表示她与旧社会的势不两立。

鲁迅还语重心长地提醒初到上海来的萧红："稚气的话说说并不要紧，稚气能找到真朋友，但也能上人家的当，受害。上海实在不是好地方，固然不必把人们都看成虎狼，但也切不可一下子就推心置腹。"鲁迅担心初到上海的萧红，未必了解这十里洋场的罪恶。

在信里，难以掩饰鲁迅先生对萧红的好感，他说："我觉得虽是青年，稚气和不安的并不多，我所遇见的倒十之八九是少年老成的，城府也深，我大抵不和这种人来往。"

在信的结尾，鲁迅写了"俪安"两个字，并有意开玩笑地问萧红："这两个字抗议不抗议？"

我们相信，当萧红接到这封信的时候，一定羞愧得笑了，同时也会感到一种爱和温暖。难道这不正是她从童年就日夜憧憬和追求的吗？……

五　重要的叮嘱

萧红在上海举目无亲，生活是没有着落的。那时候，她常常冒着小雨，在落满了枯叶的环龙路上寂寞地走着。有时也到灯红酒绿的南京路上去看看。当她在永安公司看到那五光十色的化妆品，还有进口的巴黎香水的时候，她厌恶地说："我一辈子也不会用那有臭味的水！"

当她实在忍受不住饥饿的时候，她在想：为了自己的创作，已经给鲁迅先生增加了负担；为了吃饭，难道还要麻烦鲁迅先生吗？最后，虽然难于启口，还是向先生提出想借一点钱。

十一月十七日，鲁迅先生慷慨地回答："我可以预备着的，不成问题。"鲁迅先生也想早一点同她相见，两天以后便在信中说："许多事情一言难尽，我想我们还是在月底谈一谈好……说话总能比写信讲得清楚些。"

就在这封信里，鲁迅知道萧红他们住在霞飞路一带，因为这是白俄的聚居区,他马上叮嘱萧红:"现在我要赶紧通知你的,是霞飞路的那些俄国男女,几乎全是白俄,你万不可以跟他们说俄国话,否则怕他们会疑心你是留学生,招出麻烦来。他们之中以告密为生的人们很不少。"鲁迅先生想得多么周到,他以为萧红来自最北边的哈尔滨,那里正是白俄的第二故乡,她很可能懂几句俄文。如果稍不注意,便有可能被特务告发是从苏联学习回来的共产党,后果就不堪设想。当时这样被害的青年,鲁迅先生已经看到不少了。

鲁迅先生在百忙中特意安排好时间,正式约定与萧红和萧军见面。鲁迅在信中说:"本月三十日(星期五)午后两点钟,你们两位可以到书店来一趟吗?小说如已抄好,也就带来,我当在那里等候。"小说,指萧军的《八月的乡村》;书店,当然指的是内山书店。鲁迅先生还细心地给年轻人开列详细的乘车路线:"那书店,坐第一路电车可到。就是坐到终点(靶子场)下车,往回走,三四十步就到了。"

多么想早一点看到先生啊。

在这以前,萧红还天真地问过鲁迅先生是否有着当先生和教授那样的架子,讲不讲什么规矩?鲁迅曾经诚恳地回答:"我的确当过多年先生和教授,但我并没忘记我是学生出身,所以并不管什么规矩不规矩的。"

马上就要见到鲁迅先生了。萧红的心猛烈地跳动着,她不安地盼望着三十日早一点到来。三十日,好容易又从早上盼到了下午两点钟。

六 难忘的会见

一九三四年十一月三十日下午两点钟,萧红按照鲁迅指引的路线,准时来到了内山书店。

她轻轻地推开了书店的门,心里激动得怦怦地跳着,两只眼睛紧紧寻觅着一位老人……在这一天的《鲁迅日记》上则仅仅写着:"萧军、悄吟来访。"

日夜想念的鲁迅先生就站在眼前,现在该有多少心事,多少委屈向先生倾诉呢……

她从鲁迅文章的战斗锋芒里,一直想象着鲁迅先生一定会有着巨大的体魄,壮伟的丰采。万没有想到先生却是一位身材矮小,面目清瘦的老人,甚至有点不修边幅,样子朴素平凡得很。

鲁迅一见他们来了,手里拿起一顶旧毡帽,腋下夹着一个红底黑花格的布包,先开了口:"我们走吧!"说完便带头走出了内山书店。

事后，萧红向先生讲了自己原来对先生的想象，以及她第一次见到先生时的惊愕和意外。鲁迅释然地回信说："我知道我们见面之后，是会使你们悲哀的；我想，你们单看我的文章，不会料到我已这么衰老。但这是自然的法则，无可如何……"

在街上，鲁迅先生健步走在前面，最后走进附近的一家咖啡店。鲁迅领着一对年轻人找到一个角落里坐下来，要了一壶红茶。

这座小店里的座位并不太多，光线也不充足，简直显得有点冷清。鲁迅先生倒是常到这里来，然而并不是为了喝咖啡。因为店主人可能是个犹太人，中国话听不太懂，而且只要客人一到，他就打开唱机放起音乐来。这样，谈起话来是很方便的。鲁迅先生经常在这里同"左联"的一些朋友们商议事情。

坐了不大一会儿，许广平领着海婴也来了。她是为了照顾鲁迅先生的安全而来，同时也是为了看看萧红。她同鲁迅先生一样，也很关切这个东北姑娘的命运。一见面，许广平就笑着问萧红："看我像个交际花吗？"因为在这以前，萧红听到一个谣言，说鲁迅的夫人是一名交际花。她还在信中向鲁迅先生报告过这件事。

多年以后，许广平在《忆萧红》里写到同她初次相见的感受："……阴霾的天空吹送着冷寂的歌调，在一个咖啡室里我们初次会着两个北方来的不甘做奴隶者。他们爽朗的话声把阴霾吹散了，生之执著、战斗、喜悦，时常写在脸面和音响中，是那么自然、随便，毫不费力，象用手轻轻拉开窗幔，接受可爱的阳光进来。"

鲁迅耐心地听着年轻人的叙述，临别的时候，许广平握住萧红的手，依依不舍地说："见一次真是不容易啊！下一次不知什么时候再见了？"

鲁迅怕萧红一时还不能领会许广平这话的含意，紧跟着便向萧红解释："他们（指国民党反动当局）已经通缉我四年了。"那时由于环境所迫，鲁迅先生不得不过着半公开半隐匿的生活，这次相见就显得更难得了，鲁迅先生是冒了危险来看这两个东北流亡青年的。萧红以感激的眼神深情地望着先生。

最后，鲁迅掏出早已准备好了的二十元钱，这正是萧红他们来信要借的。

接过了这二十元钱，一股酸楚的感情袭上年轻人的心头。萧红在流浪生活中看够了人间冷酷的面孔，而这位第一次见面的老人给自己带来多大的安慰和温暖……她还看到，在这阴冷的初冬天气里，鲁迅先生只穿着一件单薄的旧棉袍，脚下穿着一双旧的胶底帆布鞋，脖子上连一条围巾也没有。

在路上，萧红又想起刚刚交给鲁迅先生的那厚厚一叠《八月的乡村》的原稿，那是她替萧军抄写的。萧红后悔自己一向写不来大字，埋怨自己写的密密麻麻的小字，不知要使先生看起来多么费力。她是用复写纸抄的，有的简直模糊得无法辨认了。

回到住处，萧红抑制不住自己的感情立刻给鲁迅写了一封信。在信中，她流露了见到先生以后的不安和自谴的心情，以及拿到鲁迅的钱以后内心多么矛盾，更没有想到先生竟被迫害到这种程度，连行动的自由都很有限。

十二月六日，鲁迅先生在回信中反转过来安慰萧红："来信上说到用我这里拿去的钱时，觉得刺痛，这是不必要的。我固然不收俄国一个卢布，日本的金元，但因出版界上的资格关系，稿费总比青年作家来得容易，里面并没有青年作家的稿费那样的汗水的——用用毫不要紧。而且这些小事，万万不可放在心上，否则，人就容易神经衰弱，陷入忧郁了。"

接着，鲁迅又宽慰萧红，不必为他的安危顾虑。鲁迅说："来信又愤怒于他们之迫害我。这是不足为奇的！他们还能做什么别的？我究竟还要说话。你看老百姓一声不响，将血汗贡献出来，自己弄到无衣无食，他们不是还要老百姓的性命吗？"鲁迅的心里装着整个民族的忧乐，他的心同所有被压迫的人们的心一起跳动着。

七　爱护这文苑新秀

萧红决定留在上海,尝试着要闯入那门禁森严的文坛。现在她已经找到了最可信任的老师,有了依靠,有了勇气。

她开始写作,关在屋里一时竟烦躁得静不下来,好像什么也写不出似的。鲁迅先生知道了这情况以后,马上写信来开导她:"一个人离开故土,到一处生地方,还不发生关系,就是还没有在这土里下根,很容易有这一种情境。……我看你们的现在的这种焦躁的心情,不可使它发展起来,最好是常到外面去走走,看看社会上的情形,以及各种人们的脸。"

与此同时,鲁迅开始看萧红的中篇《生死场》,他吃惊于萧红对生活的"细致的观察和越轨的笔致",更吃惊于看上去还有点纤弱的萧红,却能把"北方人民对于生的坚强,对于死的挣扎",描绘得"力透纸背"。鲁迅欣喜地发现了一个新人,看到在文学队伍里又将站出一个威武的新兵。许广平回忆说,当时鲁迅先生"每逢和朋友谈起,总听到鲁迅先生的推荐,认为在写作前途上看起来,萧红先生是更有希望的"。这自然是同萧军来作比较,因为鲁迅以为:"手法的生动,《生死场》似乎比《八月的乡村》更觉得成熟些。"(景宋:《追忆萧红》)

鲁迅先生高兴地把这陌生的新人引进文艺界。许广平说:"流亡到来的两颗倔强的心,生疏,落漠,用作欢迎的热情,希望,换不来宿食。这境遇,如果延长得过久,是可怕地必然会消蚀了他们的。因此,为了给他们介绍可以接谈的朋友,在鲁迅邀请的一个宴会里,我们又相见了。"(景宋:《忆萧红》)

一九三四年十二月十七日,鲁迅与许广平联名邀请萧红于十九日下午六时,在梁园豫菜馆吃饭。十二月十八日的《鲁迅日记》上记载着,鲁迅在这天的午后,亲自"往梁园豫菜馆定菜"。在邀请信中还告诉萧红:"另外还有几个朋友,都可以随便谈天的。"鲁迅又细心地介绍了去菜馆的路线图,唯恐她人地生疏不易找到:"梁园的地址,是广西路三三二号。广西路是二马路与三马路之间的一条横街,若从二马路弯进去,比较的近。"捧着信,泪水模糊了萧红的眼睛。

十九日黄昏,萧红应邀赴宴。这是鲁迅专为一对文学新人举行的宴会。鲁迅先生特地邀请了茅盾先生,这也是一位一向关心青年的前辈作家。鲁迅有意让茅盾见见这位有希望的青年女作家。从此,萧红又有幸结识了茅盾先生,并从他那里得到了不少鼓舞。在座的"可以随便谈天的"人当中,还有叶紫和聂绀弩等人。这是萧红第一次同上海文艺界人士正式接触。她该怎样感激鲁迅先生这种用心周到的安排。作为饮宴的主人，看到萧红已经开始迈步文苑，那种喜悦的心情也是难以描述的。饮宴开始的时候，许广平还出去看了一转，回来在鲁迅先生耳边说了一句什么。原来鲁迅先生让她去看一看外面有没有特务在盯梢。这是多么不平常的一次饮宴啊！

当萧红从家乡流浪出来的时候，她随身带了件小玩意儿。那是用来活动手部筋骨的两只光滑的核桃，不知经过多少年代，用手滚弄得已经变成了紫红色。这是萧红心爱的东西，因为是祖父留给她的纪念品。流浪生活中，实在悲戚难忍的时候，她常常摆弄着它们，想念着祖父。如今她觉得又找到了亲人，好像连这小东西也找到了它的去处，萧红便把这珍贵纪念品在宴席上送给了海婴。细心的许广平为之感动地说，萧红"把这些患难中的随身伴侣，或传家宝见赠了"。

八 是耗子躲猫吗？

也许在十九日的夜宴中，没有机会谈到萧红的小说《生死场》出版的事，第二天，即十二月二十日，鲁迅便写信告诉萧红："吟太太的稿子，生活书店愿意出版，送给官僚检查去了，倘通过，就可发排。"

同月二十六日的信中又说:"吟太太的小说,我想不至于此,如果删掉几段,那么就任它删掉几段,第一步是只要印出来。"所谓"不至于此"是指鲁迅先生的杂文被检查官删掉了四分之三的事。

萧红开始独立地在上海文坛上闯荡了,鲁迅在信中又嘱咐她:"所谓上海的文学家们,也很有些可怕的,他们会因一点小利,要别人的性命。"鲁迅忠告她:"不过此后所遇的人们多起来,彼此都难以明白真相,说话不如小心些,最好是多听人们说,自己少说话,要说,就多说些闲谈。"

接到鲁迅的信以后,任性的萧红表示不同意先生说的"少说话"或只"闲谈",她认为这是消极的"老鼠躲猫"的办法。

一九三五年一月四日,鲁迅复信说:

"吟太太究竟是太太……少说话或多说闲谈,怎么会是耗子躲猫的方法呢?我就没有见过猫整天的在咪咪的叫的,除了春天的或一时期之外。猫比老鼠还要沉默。春天又作别论,因为它们另有目的。平日,它总是静静的听着声音,伺机搏击,这是猛兽的方法。自然,它决不和耗子讲闲话的,但耗子也不和猫讲闲话。"鲁迅常把反面人物比作媚俗的猫,他以多年的斗争经验告诉萧红:当它沉默静听时正是要伺机搏击呢!

萧红想考察上海社会的形形色色,好写点东西。鲁迅表示赞成,但同时又警告她:"不过工人区域里却不宜去,那里狗多,有点情形不同的人走过,恐怕它就会注意。"鲁迅知道国民党的特务正像鹰犬似地专门盯在工厂周围,准备随时咬人。

一九三五年一月二十九日,鲁迅想到已经送出很久了的《生死场》,他说:"吟太太的小说送检查处后,亦尚无回信,我看这和原稿的不容易看相关的,因为用复写纸写,看起来较为费力,他们便搁下了。"

好强的萧红一心想很快地写出作品来,但是,又苦恼于一时不那么顺利。她觉得这愧对鲁迅先生的期望,撒娇似地请求老师来鞭打她这个不成器的学生。鲁迅回答说:"我不想用鞭子去打吟太太,文章是打不出来的,从前的塾师,学生背不出书就打手心,但愈打愈背不出,我以为还是不要催好。如果胖得象蝈蝈了,那就会有蝈蝈样的文章。"

果然不负鲁迅先生的期望,我们从二月九日的信里,便看到鲁迅高兴地表扬萧红所写的作品:"小说稿已看过了,都做得好的——不是客气话——充满着热情,和只玩些技巧的所谓'作家'的作品大两样。今天已将悄吟太太的那一篇寄给《太白》。"这是指萧红于一月二十六日写的《小六》。小说描写了劳动人民的苦难生活。

鲁迅还推荐萧红的作品给《文学》等刊,并介绍萧红认识了巴金。这样,萧红渐渐地被上海文坛熟识了。

九　第一次到鲁迅家作客

一九三五年三月五日的《鲁迅日记》里记载:"晚约阿芷(即叶紫)、萧军、悄吟往桥香夜饭……"类似的记载在《鲁迅日记》里是不少的。这并非鲁迅先生有钱和有闲,而是在当时的历史条件下,鲁迅只能通过这种方式来联系和团结一批青年文艺工作者。他多么希望这些青年作家更快地成长。

三月十七日,鲁迅"得悄吟信并稿二篇,即复"。复信还回答什么时候去看萧红迁居后的新家。鲁迅说海婴烫了脚,"等他能走路,我们再来看您吧"。

果然,在五月二日的上午,鲁迅先生在百忙中匀出时间,同许广平并携海婴一起跑那么远的路,往拉都路去访问萧红,看看她新安排的家。中午还请萧红夫妇"在盛福午饭"。

鲁迅对萧红的一些生活细节也很关心,例如萧红经常熬夜写作,鲁迅先生便在信中问:"吟太太怎么样,仍然要困早觉么?"(三月二十五日)"久未得悄吟太太消息,她久不写什么了吧?"(九月十九日)这时候,鲁迅在信中直称萧红为"吟太太",她再也不抗议了。

十月二十日,鲁迅准备为萧红的《生死场》写序言了:"《生死场》的名目很好。那篇稿子,我并没有看完,因为复写纸写的,看起来不容易。但如要我做序,只要排印的末校寄给我看就好,我也许还可以顺便改正几个错字。"十一月四日,鲁迅约请萧红夫妇在六日"下午五点钟,在书店等候。您们先去逛公园之后,然后到店里来,同到我的寓里吃夜饭";六日的《鲁迅日记》中记载:"晚邀萧军及悄吟夜饭。"鲁迅先生从不轻易让生人来自己的家,甚至连住处都不公开。许广平说:"我们用接待自己兄弟一样的感情招待了他们,公开了住处,任他们随时可以到来。"

在鲁迅先生家里第一次做客实在是难忘的。萧红曾经在她写的《回忆鲁迅先生》里,把第一次到大陆新村访问的时间记错了。她记的是一九三五年十月一日,提前了一个多月,实际上应是十一月六日。

那夜,就和鲁迅先生和许先生一道坐在长桌旁边喝茶的。当夜谈了许多关于伪满洲国的事情,从饭后谈起,一直谈到九点钟十点钟而后到十一点,时时想退出来,让鲁迅先生好早点休息,因为我看出来鲁迅先生身体不大好,又加上许先生说过,鲁迅先生伤风了一个多月,刚好了的。

但是鲁迅先生并没有疲倦的样子,虽然客厅里也摆着一张可以卧倒的藤椅,我们劝他几次想让他坐在藤椅上休息一下,但是他没有去,仍旧坐在椅子上。并且还上楼一次,去加了一件皮袍子。

是什么吸引了鲁迅先生如此执着地要听她谈下去呢?显然是东北三省人民的命运牵动了鲁迅的心。他急切地想从两位东北流亡青年的口中了解东北人民的生活。"过了十一点,天就落雨了,雨点淅沥地打在玻璃窗上……夜已深了,并且落了雨,心里十分焦急,几次站起来想要走,但是鲁迅先生和许先生一再说坐一下:'十二点钟以前终归有车子可搭的。'所以一直坐到将近十二点,才穿起雨衣来,打开客厅外面的响着的铁门,鲁迅先生非要送到铁门外不可。我想他为什么一定要送呢?对于这样的年轻客人,这样的送是应该的么?雨不会打湿了头发,受了寒伤风不又要继续下去么?站在铁门外边,鲁迅先生说,并且指着隔壁那家写着'茶'字的大牌子:'下次来记住这个茶,就是这个茶的隔壁。'而且伸出手去,几乎是触到了钉在铁门旁边的那个九号的'九'字,'下次来记住茶的旁边九号。'"(萧红:《回忆鲁迅先生》)

鲁迅先生在自己的家里接待过一些客人,但是有哪一次像今天夜里,能够如此激动地掀起他心中的波澜呢?

十 《生死场》——扰乱了奴隶们的心

一九三五年十一月十四日夜,鲁迅在灯下为萧红的《生死场》

写完了小序。第二天上午，他把小序寄了出去，附信中说："校稿昨天看完，……除改正了几个错字之外，又改正了一点格式，例如每行的第一格，就是一个圈或一个点，很不好看，现在都已改正。"萧红感激地给鲁迅先生写了一封信。鲁迅于十六日夜答复她：

"校出了几个错字，为什么这么吃惊？我曾经做过杂志的校对，经验也比较的多，能校是当然的，但因为看得太快，也许还有错字。"

鲁迅在序文里说，读者从萧红的这部小说里可以"看见了五年以前，以及更早的哈尔滨。这自然还不过是略图，叙事和写景，胜于人物的描写，然而北方人民的对于生的坚强，对于死的挣扎，却往往已经力透纸背；女性作者的细致的观察和越轨的笔致，又增加了不少明丽和新鲜。精神是健全的，就是深恶文艺和功利有关的人，如果看起来，他不幸得很，他也难免不能毫无所得。"是的，这是一个不愿做奴隶的作者献给不愿做奴隶的人们的书。有谁看到那书中的东北同胞喊出的："我埋在土里，也要把中国旗子插上墓顶，我是中国人！"而不为所动呢？

在序言中，鲁迅斥责了国民党中央宣传部的书报检查委员会，说明本书原来是由文学社付印的，但送审的结果是"不许可"，显然这样的书大背于国民党"训政"之道。最后还是鲁迅先生给以具体帮助,以"奴隶社"的名义为萧红印行了这本书。所以鲁迅说,"奴隶社以汗血换来的几文钱,想为这本书出版"。鲁迅写序言时的心情和这部小说所发出的呼声是一致的,都怀着一颗"奴隶的心"!鲁迅以为如果这部书"是扰乱了读者的心呢?那么,我们还决不是奴才"。《生死场》的确可以扰乱读者的心,它呼唤着人们起来反抗,决不甘心去做奴隶,更不能去做奴才。鲁迅的这个评价无疑的是对萧红小说的最高的奖誉。

萧红在信中感激鲁迅先生在序言中说了那么多好话,她觉得过誉了。还提到书中的人物王婆可能写得有点"鬼气",不太真实。鲁迅回信说:"那序文上,有一句'叙事写景,胜于描写人物',也并不是好话,也可以解作描写人物并不怎么好。因为做序文,也要顾及销路,所以只得说的弯曲一点。至于老王婆,我却不觉得怎么鬼气,这样的人物,南方的乡下也常有的。"

在印制鲁迅这篇序文时,萧红还要求鲁迅的署名由先生亲笔书写,做一个锌版。鲁迅说:"我不大稀罕亲笔签名制版之类,觉得这有些孩子气,不过悄吟太太既然热心于此,就写了附上,写得太大,制版时可以缩小的。这位太太,到了上海以后,好象体格高了一点,两条辫子也长了一点了,然而孩子气不改,真是无可奈何。"

鲁迅对于萧红的这种"孩子气"也只好欣然从命了。

一九三五年十二月,作为"奴隶丛书之三"的《生死场》以实无其店的上海容光书店出版了。萧红施展了她的绘画才能,为自己的书作了一幅别致的封面画。

萧红以《生死场》奠定了她在我国现代文学史上的地位。她是我国"五四"以后,坚持革命现实主义文学传统的优秀女作家。她的《生死场》将永远在我国现代文学史上闪耀着光辉。

十一　心里期待着阳光

萧红也搬到北四川路附近来住了。从此,她更成为鲁迅先生家的常客。许广平说:"他们搬到北四川路离我们不远的地方来住下,据萧军先生说:'靠近些,为的可以方便,多帮忙。'但每天来一两次的不是他,而是萧红女士,……"(景宋:《忆萧红》)萧红也说:"以后也住到北四川路来,就每夜饭后必到大陆新村来了,刮风的天,下雨的天,几乎没有间断的时候。"

然而,这时期萧红生活上的矛盾发生了。

许广平说:"萧红先生文章上表现相当英武,而实际多少还赋予女性的柔和,所以在处理一个问题时,也许感情胜过理智。有一个时期,烦闷,失望,哀愁笼罩了她整个的生命……萧红先生无法摆脱她的伤感,每每整天的耽搁在我们寓里。"(景宋:《追忆萧红》)在《忆萧红》里,许广平又说:"她(指萧红)有时谈得很开心,更多的是勉强的谈话,而强烈的哀愁,时常侵袭上来,象用纸包着水,总没法不叫它渗出来。自然萧红女士也常用力克制,却转象加热在水壶上,反而在壶外面满都是水点,一点也遮不住。"其时,萧红在诗里感伤地说:"我没有家,我连家乡都没有,……"看来,她早已经把鲁迅先生的家当作是自己的家了,也只有在鲁迅先生的家里才能找到一点安慰吧。

这时期,萧红以《苦杯》为总题写了短诗十一首,处处都流露着她此刻的心情:

泪到眼边流回去,
流着回去浸食我的心吧!
——之九

在《沙粒·四》里,萧红写道:

世界那么广大
而我却把自己的天地布置得这样狭小!

在《沙粒·十一》里：

今后将不再流泪了，
不是我心中没有悲哀，
而是这狂妄的人间迷惘了我了。

鲁迅先生也看出了萧红的苦闷。他有时带领萧红等一些青年和家人一起去看电影。这对日夜苦战的鲁迅先生来说，也是少有的一种休息和娱乐。有一次，萧红在楼上刚见过了鲁迅先生，她到楼下去了一趟又回来，鲁迅"突然从那圈椅上转过来了，向着我，还微微站起了一点。'好久不见，好久不见'"。一时惊呆了萧红。当鲁迅首先开怀地大笑起来的时候，萧红才明白先生是在逗自己。这时候，难道不是先生希望萧红快乐起来吗？

鲁迅先生在北方住了那么长的时间，也喜欢吃北方风味的饭食。萧红来时常给先生做一些可口的北方饭，有时包饺子吃，这对鲁迅先生也是一种愉快的享受。一九三六年四月三日《鲁迅日记》里特别记载："悄吟来，制葱油饼为夜餐。"萧红说："以后我们又做过韭菜合子，又做过合叶饼，我一提议鲁迅先生必然赞成，而我做得又不好，可是鲁迅先生还是在饭桌上举着筷子问许先生：我再吃几个吗?"鲁迅先生没有女儿,这情景让人想到:先生待她不是亲如娇女吗?

尽管如此,萧红仍然无法摆脱心情的郁闷,她常想:自己真正的知己在哪里呢?在《苦杯·十一》这首短诗里,她写道:

说什么爱情,
说什么受难者共同走尽患难的路程!
都成了昨夜的梦,
昨夜的明灯。

在《沙粒·十三》里:

在我的胸中积满了沙石,
因此我所想望的只是旷野,高天和飞鸟。

心中的沙石是无法排除的,萧红的心情就像上海的黄梅天气一样,阴沉沉的好像很少有晴朗的时候。

有一天上午,天突然放晴了。萧红高兴得一口气跑到鲁迅先生的家里。上了楼她还大口地喘着气,鲁迅不知出了什么事,连忙问她:"有什么事吗?"萧红像孩子似的高声地喊着:"天晴啦,太阳出来啦!"长期压抑在心底的郁闷,好像一下子被温暖的阳光给驱散了。也只有长期被阴沉的乌云压抑的人,才会这么强烈地欢呼着阳光的出现。当时鲁迅和许广平望着萧红笑了,那是"一种对于冲破忧郁心境的展然的会心的笑"。(萧红:《回忆鲁迅先生》)

我们可以想象,当时鲁迅先生可能欣喜地推开了窗子,同萧红一起眺望着满天的阳光!他们的心激动地跳在一起,他们多么热烈地期待着那灿烂的阳光,永远普照人间大地啊!

十二 永远的离别

走吧!
还是走,
若生了流水般的命运,
为何又希求着安息!
——《沙粒·十五》

怀着追求阳光、温暖和爱的萧红,总也无法排除心里的寂寞,她像一个女儿向父亲低诉委屈似地跟鲁迅剖白内心的痛苦。鲁迅支持她换一下生活环境的想法,一九三六年七月十五日的《鲁迅日记》里记载:"晚广平治馔为悄吟饯行。"就像母亲给远行的女儿送别一样,许广平亲自下厨为她做了几样菜。萧红将要去日本。临别之夜,鲁迅望着孤身远行的萧红,怜爱地坐在藤椅上嘱咐着红姑娘:"每到码头,就有验病的上来,不要怕,中国人就会吓唬中国人,茶房就会说:验病的来啦,来啦……"萧红凝神地听着。谁能想到,这天夜里正是同先生最后的诀别呢!

萧红又开始了她人生旅途上的漂流生活。

从异乡又奔向异乡,
这愿望该多么渺茫!
而况送着我的是海上的浪花,
迎接我的是异乡的风霜。
——《沙粒·三十五》

萧红依依不舍地离开了祖国,离开了上海,离开了鲁迅的家。一刹那间,她甚至有点不忍离开正在病中的亲人鲁迅先生了。

在日本,萧红思念着祖国。她在《沙粒·十八》里写道:

东京落雪了，

好象看到了千里外的故乡。

但是，日本的刑事一清早就来找麻烦，非要进她屋里来检查不可，倔强的萧红说："不知以后还来不来？若再来，我就要走。"（《致萧军》1936年9月12日）

她以拼命写作来排除自己的寂寞。八月，她写了《孤独的生活》；九月，又连续写了《家族以外的人》《红的果园》《王四的故事》……。偶然到电影院里去，看到电影上的北四川路和施高塔路，那是每次到鲁迅先生家里必得经过的地方，"一刻我的心是忐忑不安的。我想到病老而且又在奔波里的人了"。（《致萧军》1936年10月13日）远在上海的病弱的鲁迅也一直惦记着异乡的萧红，在他逝世前十四天（即十月五日），还关心地向茅盾打听着红姑娘的消息："萧红一去之后，并未给我一信，通知地址……"多么粗心的萧红，为什么你一行三月，也不给先生一信呢？

鲁迅先生逝世的消息很快传到了日本。

"二十一日的报上，我就渺渺茫茫知道一点，但我不相信自己是对的……我很希望我是看错……虽然去的时候是流着眼泪。……我想一步踏了回来，这想象的时间，在一个完全孤独了的人是多么可怕!……"(萧红:《海外的悲悼》)她还想到前些日子特地买来准备送给鲁迅先生的一本画册,如今"只得留着自己来看了"。

因了鲁迅先生的逝世,萧红的心再也平静不下来了。鲁迅先生慈祥的面影时刻浮上她的脑海,不久以前的往事,还像是昨天经历过的那样新鲜。然而,又已多么渺茫了!"其实一个人的死是必然的,但知道那道理是道理,情感上就总不行。我们刚来到上海的时候,别处不认识更多的一个人了。在冷清的亭子间里读着他的信,只有他,安慰着两个漂泊的灵魂!……写到这里鼻子就酸了。"(《致萧军》1936年10月29日)日益紧张的中日关系,更使萧红归心似箭,一心想返回祖国。一九三七年,她返回上海以后,第一件事便是去看望鲁迅先生的墓。她轻轻地在鲁迅墓前献上一束鲜花,泪水早已模糊了双眼,心里在想着初到上海时怎样不安地向先生伸出了求援的手……。从墓地归来,萧红写了一首《拜墓诗》,副题是"为鲁迅先生":

跟着别人的脚迹,
我走进了墓地,
又跟着别人的脚迹,
来到了你的墓边。

那天是个半阴的天气,
你死后我第一次来拜访你。
我就在你的墓边竖了一棵小小的花草,
但,并不是用以招吊你的亡魂,
只说一声:久违。

我们踏着墓畔的小草,
听着附近的石匠钻着墓石的声音,
那一刻,
胸中的肺叶跳跃了起来,
我哭着你,
不是哭你,
而是哭着正义。

你的死,
总觉得是带走了正义,
虽然正义并不能被人带走。

我们走出了墓门,

那送着我们的仍是铁钻击打石头的声音，
我不敢去问那石匠，
将来他为着你将刻成怎样的碑文？

接着，萧红投入鲁迅先生纪念委员会主持的《鲁迅先生纪念集》的编辑出版工作。当她还在日本的时候，她就焦急地盼望国内早一点动手编印鲁迅先生的全集，现在全集不能，这本书总算是对先生的最好的纪念。萧红负责收集全国报纸刊物有关鲁迅逝世的消息和电文。她不辞辛苦地工作，为我们保留下一批珍贵的史料。

十三　笔底长忆鲁迅

一九三七年七月七日，全民族的抗日战争爆发了。

一九三八年一月，萧红同诗人田间等到了山西临汾，他们是应李公朴先生之邀，去民族革命大学教书的。不久，萧红又到了西安。当时很多人从那里去了延安，可是她终于滞于个人的感情生活去了武汉。她在武汉只住了几个月便又只身走重庆。那时她已怀了身孕，当时她曾经十分感伤地说："我总是一个人走路，以前在东北，到上海去日本，从日本回来，现在的到重庆，都是我一个人走路。我

好象命定要一个人走路似的……。"(绿川英子:《忆萧红》)

她住在重庆的歌乐山,身体更加衰弱了。生下一个孩子,不久就死了。静下来时,她常常想念鲁迅先生,想念留在上海的许广平和海婴。她不断写信给许先生,挂念他们母子的平安。当年同鲁迅先生一家人相处的日子,她是怎么也忘记不掉的。

一九三九年三月十四日,萧红写信给许广平,打听头年上海霞飞坊失火的事情,因为当时报上传言许先生的家被火烧了。当时关心这件事的人很多,成都和延安都有人来信问萧红,而且连远在南洋的郁达夫也直接驰函问候过许广平。

许广平也曾致书萧红,让她代为搜集重庆各界纪念鲁迅逝世二周年的消息和文章。萧红还准备创办一个名叫《鲁迅》的文艺刊物,但是终于未能实现。萧红在信中对许广平说:"《鲁迅》那刊物不该打算出得那样急,为的是赶二周年,因为周先生去世之后,算算自己做的事情太少,就心急起来。心急是不行的,周先生说过,这心急要拉得长,所以这刊物我始终计算着,有机会就要出的。……关于周先生,要每期都有关于他的文章。研究、传记……所以先想请你作传记的工作(就是写回忆文)……还请求茅盾先生……我代表青年们向你吁求,向你要索。我们在这里一谈起话来就是导师导师,不称周先生也不称鲁迅先生,你或者还没有机会听到,这声音是到处响着的,好象街上的车轮,好象檐前的滴水。……"(1939年4月《鲁迅风》第十二期)萧红对鲁迅的热爱和崇敬是非常真诚的,她下决心要用自己的笔重现鲁迅先生的音容笑貌。

一九三八年,她先写了《鲁迅先生记·一》,记述了她当年第一次到鲁迅先生家做客的印象。她以诗一般的语言叙述了对鲁迅的敬仰。她看到在先生的客厅中有几棵不知名的花草,便好奇地问先生:"这叫什么名字?屋中既不生火炉,也不冻死?"

萧红以细腻的笔触满含深情地描述了鲁迅先生此刻的神态和心境:

"这花,叫万年青,永久这样!"鲁迅先生这样回答着。"他(指鲁迅)在花瓶旁边的烟灰盒中,抖掉了纸烟上的灰烬,那红的烟火就越红了。好象一朵小花似的,和他的袖口相距离着。"在萧红的笔下,她不是已经把鲁迅先生看作是耐寒御霜的万年青了吗?

接着,萧红又写了《鲁迅先生记·二》,回忆了在东京初次听到鲁迅逝世的消息,她的心灵上受到多么沉重的打击。

一九三九年可以说是萧红创作的一个旺盛期。这一年她写了短篇小说和散文《牙粉医病法》《滑竿》《林十二》《长安寺》《莲花池》《旷野的呼唤》《黄河》《朦胧的期待》《逃难》《山下》等。当鲁迅逝世三周年时,她又用了全部心力写了《鲁迅先生生活散记》，后来生活书店出版单行本时改名《回忆鲁迅先生》。感情的真挚和文笔的优美，至今在回忆鲁迅的文字中也是少见的。

一九四〇年春天，她离开重庆北碚到了香港。她想寻求一个安静的环境写一点比较长的作品。她开始写长篇《马伯乐》和《呼兰河传》。两部作品的艺术成就更明显，同时也反映了她内心的苦闷和情绪的低沉，失去了她早期创作的光彩。

十月，为了纪念鲁迅逝世四周年，她又奋笔写了大型哑剧《民族魂》，刊登在杨刚主编的香港《大公报》文艺副刊上。这个剧本共有四幕，鲁迅和鲁迅笔下的人物如阿Q、孔乙己、祥林嫂、单四嫂子等都出场了。尽管这时的萧红身体已经很衰弱，她是以极大的毅力和壮伟的气魄来歌颂鲁迅先生的。现在，萧红的笔总也离不开鲁迅先生了！

这一年的三月，茅盾先生在给友人的信中曾经称赞过萧红写作的勤奋，他亲切地说："红姑娘创作甚为努力。"在老一辈作家的心目中，萧红永远是一个带有点稚气的姑娘。

十四 "我将与蓝天碧水永处"

一九四一年春天，萧红与美国进步女作家史沫特莱在香港重逢。当年,她们在上海是经鲁迅先生介绍认识的。在鲁迅先生家里,鲁迅安排萧红和萧军向史沫特莱介绍东北义勇军的斗争,还特地请茅盾来做翻译。鲁迅热情地把萧红的作品推荐给史沫特莱和斯诺,推荐给日本朋友,好让世界上都知道中国有这样一位青年女作家。

看到被疾病折磨得瘦弱的萧红,史沫特莱感到很不安。她劝萧红赶快去玛丽医院疗养。临别的时候,她还送给萧红一件紫红色的大衣,还有女装上衣和西式裙子。好像史沫特莱也知道萧红一向爱穿红颜色的衣服,爱穿一双红色的短靴子,连名字都叫"红"。多么美的一个名字。

萧红向史沫特莱谈起她学生时代读过辛克莱的小说,那些矿工的生活给她留下深刻的印象。她写了一封信交史沫特莱带给辛克莱。六月四日,辛克莱写信给萧红,感谢她托史沫特莱带来的"美好的礼物和问候",并感谢她赠礼的情谊。信中还附寄了辛克莱的好几本著作。

八月,萧红写了《给流亡异地的东北同胞书》。她以深沉的感情怀念着东北家乡:

家乡多么好呀,土地是宽阔的,粮食是充足的,有顶黄的金子,

> 有顶亮的煤,鸽子在门楼上飞,鸡在柳树下啼着。马群越着原野而来,黄豆象潮水似的在铁道上翻涌。

萧红愿与东北同胞为收复失去的这一切而努力。

这一年,萧红在病中又完成了中篇《小城三月》,用淡墨似的笔描绘了故乡小镇的风情,字里行间充满着诗意。但是人物的色彩还是忧郁的,萧红再也摆脱不掉感伤的情调了。

十二月八日,珍珠港事件爆发,这给萧红的生活带来极大的变化。据茅盾先生的回忆,一九四一年四月史沫特莱要回美国,路过香港,鉴于时局的紧张,她曾劝萧红去新加坡。萧红很想去,还劝茅盾夫妇也去那里。当时茅盾还以为萧红是因为害怕陷落在香港,而不知道"她之所以想离开香港因为她在香港生活是寂寞的,心境是寂寞的,她是由于离开香港而解脱那可怕的寂寞"。(茅盾:《〈呼兰河传〉序》)多么不幸,萧红又要只身独走新加坡了。

然而,她尚未动身即因肺病住进了玛丽医院。柳亚子在《记萧红女士》中说:她的病"久乃益剧,遂退院,养病九龙之乐道"。他们相见时,萧红已"偃卧病榻,不能强起","尝倚枕为余题诗册子,喟言叹曰:安得病愈,偕观电影,更就酒楼小饮,则其乐靡穷矣"。太平洋战争爆发以后,萧红"病体不支,闻飞机声心悸弗

可止"。(柳亚子:《怀旧集》)

第二天,萧红在兵荒马乱中迁往思豪酒店。一九四二年一月十三日,她先在跑马地养和医院匆忙地做了一次手术,十八日转入玛丽医院。十九日夜十二时,萧红力疾书写了遗嘱:"我将与蓝天碧水永处;留得半部'红楼'给别人写了。……半生尽遭白眼冷遇,……身先死,不甘,不甘!……"(骆宾基:《萧红小传》)一月二十二日早晨六点,萧红昏迷了,上午十时,这个一生在流浪中度过的萧红匆匆地与人间永别了。

一月二十四日,萧红的遗体在香港跑马地背后的日本火葬场火化。第二天的黄昏葬于浅水湾,地近丽都花园的海边。当时连个碑石都不及设立。从此,长夜漫漫,萧红就寂寞地伴着碧水蓝天,"听着海涛闲话"。

萧红是不愿意离开人间的,虽然生活对她过于冷酷了。这正如她生前在一首短诗中所写的:"我本无所恋,但又觉得到处皆有所恋……"

临终以前,萧红时刻想念着她东北的故乡,那辽阔的松花江,那黑金似的肥沃的土地,那朴实的家乡人民……她也想到给她带来爱和温暖的鲁迅先生。她甚至希望一旦病好以后,让人送她到上海,好跟许广平和海婴住在一起。不能瞑目啊,家乡还被敌人侵占着；不能瞑目啊，什么时候能再到鲁迅先生的墓前献上一束鲜花呢！

当年，萧红曾经对人说过："如果我健康起来，我一定要试探试探人生底海！"（萧军：《十月十五日》）如今，她以三十一岁的青春试探完了这人生的大海。萧红从童年起便是寂寞的，至死还是寂寞的，她的亲人在哪里呢？当她躺在病床上的时候，仍然想到了创作，她计划要写十个短篇，有的连题目都拟好了，其中有《还乡人》《采莲船》《珠子姐》……。她还要写长篇《晚钟》，那是描写哈尔滨女学生们的抗争生活的。她还有更远大的计划，要写一部北大荒开荒生活的长篇小说《泥河》，这是上部。她更盼望着在新社会出现以后，马上回到阔别已久的家乡去，好写一部北大荒全新的生活，写出她在流浪岁月中日夜向往的家乡的变化以及她所熟悉的那些挣扎求生的奴隶们的新生活，这是《泥河》的下部。她还计划着，当全国的土地都解放了，她要跟一些朋友，一道去访问当年红军两万五千里长征时走过的地方。她甚至在悼念一位烈士的诗中，热烈地向往着"将来全世界的土地开满了花的时候"。（萧红：《一粒泥土》）

这是一些多么美好的理想啊。苍天若是有灵，你就应该给萧红以更多的年华，让她完成自己的宿愿。苍天是应该诅咒的，你为什么偏偏夺去这么一个不幸的、有才华、有理想的年轻生命呢!

十五 人们没有忘记她

萧红逝世的消息传到延安的时候,延安《解放日报》在一九四二年五月三日刊载了《延安文艺界追悼女作家萧红》的消息。报道中说,五月一日下午二时,延安文化界举行了萧红的追悼会。参加的作家有艾思奇、何其芳、周立波、刘白羽、艾青、柯仲平、公木、丁玲、周文、陈企霞、白朗、舒群、萧军、罗烽等五十人。会场上悬挂着萧红的画像,何其芳等人都讲了话,刘白羽还朗读了萧红的散文。

消息传到上海,许广平恰好刚从日本宪兵队的监狱里放出来。她听到这个消息以后想到的是:"战争的火焰烧蚀了无数有作为的人,萧红也是其中之一。……鲁迅先生逝世后,萧红女士想到叫人设法安慰我,但是她死了,我向什么地方去安慰呢?"

一九四六年四月,抗战已经胜利了,茅盾先生从重庆经香港到上海去的时候,特别想看一看的是在浅水湾的萧红墓。他说:"我把这些愿望放在心里,略有空闲,这些心愿就来困扰我了,然而我始终提不起这份勇气,还这未了的心愿,直到离开香港。"他怀着悒悒的心情不忍去看萧红墓。"对于生活曾经寄以美好的希望但又屡次'幻灭'了的人,是寂寞的;对于自己的能力有自信,对于自己的工作也有远大的计划,但是生活的苦酒却又使她颇为悒悒不能振作,而又因此感到苦闷焦躁的人,当然会加倍的寂寞;这精神上寂寞的人一旦发觉了自己的生命之灯快将熄灭,因而一切都无从'补救'的时候,那她的寂寞的悲哀恐怕不是语言可以形容的。而这样寂寞的死,也成为我的感情上的一种沉重的负担,我愿意忘却,而又不能且不忍轻易忘却,因此我想去浅水湾看看而终于违反本心地屡次规避掉了。"

作为一个知识分子出身的萧红,她在思想上是存在弱点的。茅盾说她到了后来,在香港过的几乎是"蛰居"似的生活。为什么在这样的大时代中,对于人生有理想,对于黑暗势力作过抗争的人,会这么消极呢?茅盾通过萧红的一位女友的口这样来分析她:"感情上的一再受伤,使得这位感情富于理智的女诗人,被自己的狭小的私生活的圈子所束缚(而这圈子尽管是她咒诅的,却又拘于惰性,不能毅然自拔),和广阔的进行着生死搏斗的大天地完全隔绝了,这结果是,一方面陈义太高,不满于她这阶层的知识分子们的各种活动,觉得那全是扯淡,是无聊;另一方面却又不能投身到广大群众中间,把生活彻底改变一下。这又如何能不感到苦闷而寂寞呢?"

茅盾先生的分析是深刻的，萧红给我们的教训也是深刻的。多年来，人们总是为萧红惋惜，抗战初期，当她到了西安的时候，离延安那么近了，为什么不投身到更广大的感情生活里去？为什么不投身到向往已久的人们的怀抱中去呢？我相信，像萧红这样一位有着优美品质的青年，在党的怀抱里，在人民群众的教育下，她一定会彻底改变她那寂寞和苦闷的生活；她作品里的阴影可能会更少一些，甚至可以完全不见这种阴影。是什么原因阻碍了萧红同那个轰轰烈烈的大时代结合得更紧些？莫非她被冷酷的生活折磨怕了吗？也许她害怕再过流浪和饥饿的日子；也许她企望有一个温暖的家庭；也许她要找一个安静的环境去完成写作计划；也许她害怕疾风暴雨的革命会改变她的这些理想？然而，这些终于都是后人的联想而已。

在浅水湾，萧红寂寞地睡了十五年。这十五年间，历史发生了巨变。她终于在地下迎来了全国的解放。

一九五六年，香港文化界的朋友们发现浅水湾的萧红墓已经被人填平，每到夏季，又在上面搭了帆布棚，变成卖汽水的摊子，男女游客们随意践踏着萧红墓，谁都不知道这里睡着一位青年女作家。经过香港文化界人士和广州作家协会分会的努力，在一九五七年八月三日，萧红的骨灰运回广州，八月十五日重新安葬于广州东郊的银河公墓。从此，萧红长眠于花事常好的南国大地。如今她恬静地睡在生前一直热忱向往的土地上,谛听着幸福的亲人们前进的脚步声,萧红再也不是寂寞的了。

年轻的萧红给我们留下了《跋涉》《生死场》《商市街》《桥》《牛车上》《旷野的呼唤》《回忆鲁迅先生》《萧红散文》《马伯乐》《呼兰河传》《小城三月》等十一个集子,未能结集的还有《民族魂》,诗集和书信等散文。这是我国现代文学史上一笔值得珍视的财产。

如今,我们祖国的蓝天更加明彻而美丽了,萧红的家乡北大荒也早已改变了模样。松花江碧水长流,她笔底下的家乡的人们正建设着崭新的生活,萧红终于可以瞑目了!

萧红将与蓝天碧水永在,人们永远不会忘记一个心里总是装着祖国的命运和人民甘苦的作家。

1978 年 11 月 5 日初稿
1979 年 3 月 27 日改定

《手》的英译本

萧红的文艺作品一向有广大的读者。有关的创作的目录系年之类的文章，则是丁言昭和萧耘写的，见于一九八一年二月黑龙江人民出版社的《怀念萧红》一书，多年来亦未见新的补录，足见她们创造性的劳动为萧红研究打下了良好的基础，实在功不可没。当然，补遗的工作也是难以避免的。因为近年出现的萧红热始终未减，喜欢萧红作品的人日渐增多。我这里可以补录一条，即一九四三年五月由桂林远方书店出版的"英汉对照的文艺丛书"，萧红著短篇小说《手》。这是一本32开的方形小册，仅有70余页的土纸书，极富战时出版物的简朴特色。

萧红的《手》，一九三六年四月十五日发表在孟十还在上海主编的《作家》创刊号上。这是鲁迅和巴金等支持的一份文艺刊物，《手》更是足以显示萧红创作风格的一篇短篇小说。一九三七年五月上海出版的英文月刊《天下》5月号便发表了任玲逊的英译《手》。后来桂林版英汉对照的《手》，采用的即任的译文。《天下》的主编是温源宁，姚克也参加了编务工作。任玲逊（1907—1991）燕京大学出身，曾经留学美国，除了译介萧红的《手》，还译介了老舍、冰心、巴金等中国现代作家的不少作品。

《手》的故事情节非常简单，讲的是一个纯朴的农家女儿，在哈尔滨中学读书，因为假期帮助染匠的父亲干活儿，染黑了自己的双手，为此遭受了校方和同学们的歧视和凌辱，终为校方开除，不得不失学回乡，被剥夺了受教育的权利。萧红的小说把深切的同情全部给予受到人格伤害的少女和来接女儿返乡的老染匠。父女二人被赶出校门的细节描写是令人永远难忘的。

萧红的《手》无愧为中国现代文学史上的传世之作，也是继《生死场》后萧红另一代表作。写过《萧红评传》的美国汉学家葛浩文，曾经三次访问过萧红的故乡呼兰。二零零五年，他又将《手》新译为英文，译名改为《染匠的女儿》。这说明，从上世纪的三十年代一直到今天，萧红以她坚实的作品，也打动了异国读者的心。这无疑会启发我们进一步研究萧红，重新认识萧红。

2016 年 6 月

初见呼兰河

一

今天早晨,我们从哈尔滨出发的时候赶上一个细雨霏霏的天气。其实从昨天夜里起,雨水便已打着窗外的灌木丛,沙沙地发出了响声。

汽车在辽阔的、潮湿的大地上奔驰了很久,天一点放晴的意思也没有。进入呼兰县境,雨似乎才小了些。

远远地看到了一座桥,人们说那就是呼兰河大桥。

我多么想仔细地看一看呼兰河。这埋藏在我心底多年的一条诗一般诱人的河,一条遥远的河,悲哀的河,既陌生而又熟悉的河啊!

呼兰河两岸有着很宽的浅滩,证明河水涨的时候它又是一条汹涌的河,愤怒的河。河上阴云密布,几乎紧压着河面,而它仍然轻巧地闪动着身子,夹带着两岸泥土的芬芳,默默地向天边流去……

呼兰河是一条望不到尽头的大河,是一条生命永远也不会枯竭的河。但是,我在想,如果不是它哺育了一个女作家萧红,如果不是萧红写了一部《呼兰河传》,也许它不会像今天这样为世人所知。而现在,它已经是一条全国知名的河,连国外也有不少读者向往着它。呼兰河,你应该以诞生了一个萧红而感到骄傲。

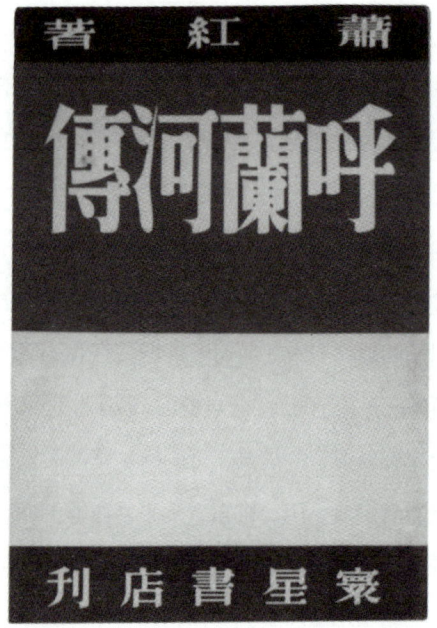

众星书店出版的《呼兰河传》。

望着呼兰河，我远远地仿佛听到一个老妈妈正坐在岸边哭泣，那不是萧红笔下的在呼兰街上卖豆芽菜的王寡妇吗？也正是在这样的夏天里，她的独子到河里来洗澡淹死了……

呼兰河，那时你夺去了多少人的生命？你曾经是一条苦难的河，让人一想起你就会感伤的河。

今天，我第一次见到了你。呼兰河，你变了。你正欢快地迎接我们这些远来的客人。你好像在告诉我，苦难早已过去，幸福早已降临。你裸露着的浅滩，好像故意炫耀着土地的肥沃；你两岸碧绿的麦田，正在你的滋润下茁壮地生长。呼兰河，你是这样强烈地吸引了我。

二

一进呼兰县城的大街，让人感到这里确乎是一个边远的小城，"那县城差不多就是中国的最东最北部……"（萧红）街上的饭铺门前都挂着红纸穗的幌子，彩花多的表示这里是卖炒菜和包酒席的馆子；彩花少的或者没有彩花的是专卖小吃和烧酒的。那挂蓝色纸穗幌子的是回民饭馆，那写着朝鲜文字招牌的是朝鲜族的饭馆。一切都保留着古朴的风俗，这些你能在内地的县城里看到吗？

这一天，如果萧红还健在，能够同来该多好。高高个子的美国学者葛浩文先生来了；文静娴雅的日本东京御茶水女子大学的前野淑子女士来了；还有萧红生前熟悉的东北作家舒群、塞克、骆宾基、萧军来了。此外，来自四面八方的喜爱萧红作品的陌生的朋友们也到了。萧红一定会快活地领着大家看这儿看那儿，一边还会讲解着家乡的风土人情。她一定会抓起一条活鲜鲜的鱼，然后高声地嚷着："我请你们吃刚刚从呼兰河打上来的红鲤鱼……"

这些，今天都由呼兰县的干部们来代替了。萧红家乡的干部们，身上、脚上还带着下乡时的泥土，但是他们多像当年的萧红，那么豪爽，那么热情，那么好客，那么诚恳。他们未必研究过现代文学史，也未必爱好文学，但是他们大都读过《呼兰河传》和《生死场》。他们爱萧红，把她看作是自己的亲人。因为他们都知道，这个早年就漂流到异乡的女作家，心里总是牵挂着故乡人的命运。

年纪轻轻的前野淑子女士，就像是萧红当年在学校中的一个女伴，她对与萧红有关的任何事都上心，什么镜头也不想放过。她不断地问人们：十字街在哪里？龙王庙在哪里？她早从《呼兰河传》里认识了这些地方。风度潇洒的葛浩文先生是第二次来呼兰了，仍像初到似的那么兴奋。他带点挑逗地问我："怎么样？你是第一次来吧，而我却是第二次了！"

我也不示弱地说:"别忙,我很快会再来的。一个外国朋友都来了两次,我为什么不再来!"

"好!我赞赏你这种竞争精神。来,握手!"葛浩文先生先伸出了手。

"嘻嘻嘻……"刚才我们彼此开玩笑的话,全被县招待所的一位姑娘听到了。她情不自禁地笑出了声。真好玩,我看看那位女服务员,瘦瘦的、黑黑的,却又闪着一双美丽的大眼睛。哟,长得多么像萧红!

我坐在舒群同志的旁边,县里的同志请他讲几句话,我几乎听到了他心房的跳动。

"这是我第四次来呼兰了。第一次是一九二七年,那完全是一个少年的私人来访。

第二次是一九三三年,那时候我已经是党的地下交通员了,我是为了党的工作而重访呼兰。

第三次是一九四七年,那时候呼兰解放了,我是为参加土改而来。

第四次就是今天了,我是为纪念萧红而来。

一切过去了的,一切当时熟悉的和不熟悉的,现在似乎都说不清楚了……"

舒群同志深深地怀念着萧红,但此刻我却从他的话里听到的是历史的风雨声,时代的脚步声。萧红不是也经历了苦难时代的风风雨雨吗?

我在萧红故居的五间大瓦房前站了好久。《呼兰河传》里写到的后园是不见了,通往后园去的门也早砌死了。可是我特意绕到房后去,竟在泥墙里找到了原来的门框。我抚摸着那仍然光滑的门框,猜度着童年时代的萧红长得该有多高,她一定无数次地贴着门框站着,痴心地望着后园,于是:蝴蝶飞来了,蚂蚱飞来了,蜻蜓飞来了……黄昏的时候,也许她就从这儿,寂寞地朝后园的天空望去,于是:红霞一会工夫变出一匹马来,一会工夫变出一只狗来……一个少女的心里正在编织着一个遥远而又美丽的梦。

我看到白发苍苍的萧军同志,正远远地站在一棵枯死的老树底下,默默地朝那五间瓦房望着。谁也不愿此刻去惊扰他。随后,我又跟随萧军同志走进萧红曾经读过书的那间课室,那里坐满了一年级的小学生。老师让孩子们背诵萧红写的那首短诗《春曲》,孩子们高声嚷着:

这边树叶绿了。
那边清溪唱着:
——姑娘啊!
春天到了。

萧红怎么能想到，半个世纪以后，她写的一首小诗正由家乡的孩子们集体吟唱？显然，萧军同志有些激动了。他拿起粉笔在黑板上写了"萧红"两个字。他指着第一个字问孩子们，没有一个孩子作声，因为他写的是繁体字。他又指着第二个字问孩子，聪明的孩子们突然爆发式地大声嚷了起来："红！""红！""红！"……

三

从黑龙江省这次举办的纪念萧红诞辰七十周年学术讨论会上可以看到，人们多么喜爱萧红的作品。大家不仅谈《生死场》《呼兰河传》，还热烈地讨论她的《小城三月》和《马伯乐》。萧红的创作生活仅有十年，却为我们留下了十一本书，还有很多未印的著作。这些书陆续都要重印了，她将会征服更多的读者。

人们为什么这样偏爱萧红？我想至少有这三点吧：

从思想上说，萧红的作品鲜明地具有反帝反封建的内容；从艺术上说，她创造了一种富有诗意，充满色彩的朴素的文体，显示了她特殊的才华和成就；从个人身世上说，她是一个值得人们同情的软弱而不幸的女性。

当然，对于萧红的作品我们研究得还不够，对她后期的作品和思想也有不同的看法。甚至有人认为她后期的作品无论从思想到艺术都超过了前期，有人则不这样看。这一次的学术讨论会正是一个良好的开端，我们还要继续深入地认识这位女作家。

离开呼兰的时候，我忽然想到萧红在《呼兰河传》里写到的东二道街上的那个大泥坑。

萧红是一个观察生活很细致的作家，她通过写呼兰街上的一个五六尺深的大泥坑，向人们提出一个富有哲理的问题。"下了雨，这泥坑就变成河了"，人们吃够了它的苦头。天晴了，这泥坑又变成"炼胶的大锅似的，黑糊糊的，油亮亮的"，"这泥坑子里边淹死过小猪，用泥浆闷死过狗，闷死过猫，鸡和鸭也常常死在这泥坑里边"。萧红很动人地写了一匹马怎样陷入泥坑里，它可怜而又惊恐地挣扎着……穷苦人下去帮助救马，穿长袍的人却在旁观喝彩。若是一个孩子落入泥坑，各种离奇的迷信传说会在全城说上很久很久。然而年年岁岁，岁岁年年，"又有车子翻在上面，又有马倒在泥中打滚，又是绳索棍棒之类的，往外抬马，被抬出去的赶着车子走了，后来的，陷进去，再抬"。"一年之中，抬车抬马，在这泥坑子上不知抬了多少次，可没有一个人说把泥坑子填起来不就好了吗？没有一个。"萧红怀着极其沉痛的感情在写一种世态人生。她看到了劳动人民的善良和质朴，也看到了人们的落后和愚昧，在这里，她不是也在"哀其不幸，怒其不争"吗？

车子经过二道街的时候，呼兰的同志突然指给我看："瞧，那就是大泥坑！"

我很意外，也有点惊愕，果然在街旁有一个干涸的泥坑，不过没有萧红在书里写得那么大，那么深了。现在即使下雨或有泥浆也不会再发生什么危险，旧时代大泥坑的故事是不会再发生了。我想就这样自然而然地让它淤塞下去，也许再过些年会化为平地吧。但是，我的心还是不能平静。萧红怎么会想到，她所感慨的那个大泥坑多少年来仍然没有人去把它填平呢！

车子就要穿出县城了，我又看到饭铺门前挂的红色、蓝色的幌子……我发现呼兰人家也都爱养花，在那擦得光洁明亮的每户人家的玻璃窗前都摆满了花草。更惹人注意的是，很多人家都在花盆外面涂上了一层红颜色。我在别处还很少见到过。一个个红色的花盆，上面是绿葱葱的枝叶，显得生活多么兴旺红火。呼兰人竟都这么醉心于红色。

红，多么喜庆的颜色；红，多么富有生命活力的颜色；红，多么令人激动的颜色；红，多么富于联想的颜色啊……

1981 年 7 月

萧军的《侧面》

萧军的散文集《侧面》，一九三八年十一月由成都的跋涉书店初版，仅收《我留在临汾》等十二章。我没有见过这个版本。有部词典里称它为传记散文，倒也说得过去，因为全书确是作者的一段生活实录。但，这个版本极不完备，相对一九四一年二月香港海燕书店出版的《侧面》而言，前者可称残本。后者则篇幅大增，全书共收三个部分：第一篇共十章，第二篇是《走出临汾》等八章，第三篇为《渡河》等四章。作为胡风主编的"七月文丛"中的第四种，胡风曾为这套丛书写了题词："有血有肉，有汗力的献出！是仇恨，是爱憎的评价！有枪炮，有弹火的交炽！是强弱，是黑白的斗争！《侧面》即诞生于民族抗战这个伟大的时代。萧军天生一个直率的汉子，他为生活在那个特定历史时期的各色人等画了肖像。他于《前记》中说："所见所闻如此，也只好如此写下来。'有心人'也许会'断章取义'拿它来利用一番，以达成某种下劣的目的，这我无办法，只好任他。不过对于这样的人，我是鄙视憎恶而痛恨的——这也是事实。"读了这篇"前记"，我似乎明白了作为书名的《侧面》代表何意，书中确实没有什么堂皇的宣言和口号，只有活生生的现实。作者的爱憎十分鲜明，也没有隐瞒自己的感知或编造什么故事。敌人逼近了临汾，萧军极不满意民族革命大学这个环境，他决定脱离学校徒步去延安。一路上他接触了那么多人，从教授到流亡学生，以及农民、士兵、官员，连荒城小贩的身影也活在他的笔下。

开篇写萧军在临汾火车站送别萧红那一幕是令人难忘的。这次分别正预示了二萧的难以再聚。此刻的萧红仍为萧军的安全担心，她一再劝萧军同她一道去运城，再去西安，并动情地说："你总是这样不听别人的劝告，该固执的你固执，不该固执的你也固执……这简直是'英雄主义'、'逞强主义'……你去打游击吗？……"在夜深人静候车的站台上，萧军与丁玲避开众人，他特别嘱托丁玲到了西安，一定设法送萧红去延安。他又拜托绀弩，一路上要多多照应萧红。

离开临汾，萧军在途中总也忘不了萧红。《清风崖的夜》，写他在路上哼唱高尔基的《囚徒歌》就想起了萧红："自从我学会了那只《囚徒歌》，红就是不喜欢。她说她不爱那样沉重的锤似的击打着人的心脏的歌，她爱轻飘和快乐，所以她也就很少和我合唱。"在经过孤寂小城乡宁时，萧军又写道："昨天还发了一封信给红，她会收到吗？"

萧军终于走到了延安，《侧面》也到此为止。他本想在延安一定会碰到萧红，然而他只见到了丁玲。待他与丁玲一起从延安到了西安，二萧才相见，可惜重逢之际已是彼此永远分手之时，萧红已决定同端木蕻良去武汉了。

对于二萧的婚变，我一直是同情萧红的。在《侧面》中，我却看到了萧军对萧红的一片深情，这自然地使我对萧军有了亲近感。一九四二年四月九日，当萧军在延安得到了萧红病逝香港的消息后，他在这天的日记上又写下如此沉痛的两行：

师我友我者死了！
知我爱我者死了！

一九八三年三月，萧军前辈在甘肃人民出版社出版了他的散文和诗的合集《绿叶的故事》，一九八六年七月一日承他签名钤印赠我一册，书中也写到了萧红。我当即回忆起一九八一年夏天，我去哈尔滨参加纪念萧红的会，在火车上与萧军的相遇，又一起到了呼兰县。那天正赶上小雨，在萧红住的旧屋前，人们都散去了，只有萧军一个人仍在那里伫立良久。我不忍去打扰他，却深悔当时没有告诉他，比起他的名著《八月的乡村》，我更偏爱他的《侧面》。说来也巧，后来我读了许觉民先生写的《萧军风貌》一文，知道在他主持人民文学出版社编务时，他面告萧军很喜欢《侧面》，准备重印:"这本书几十年未见,重印是很有价值的。经过交谈,他(萧军)竟不允许,也不说什么理由,只是执意不肯。"

面对我手边珍存的这本《侧面》,我一时也说不清楚作者为什么不想重印它。

2011 年 2 月

炮火中的鲁迅先生

一

一九三一年和一九三二年的旧历除夕,鲁迅先生都是在逃难生活中度过的。那时,上海的千家万户都在燃放爆竹迎接新岁,而鲁迅先生却有家归不得。

一九三一年一月,因为柔石等被捕,鲁迅同许广平携海婴避居花园庄。除夕之夜只能托亲戚"制肴三种,于晚食之"。

一九三二年因为"一·二八"战火的关系,鲁迅全家于一月三十日"下午全寓中人俱迁避内山书店,只携衣被数事"。二月六日是除夕,鲁迅与周建人全家恰好在这天下午又"俱迁避英租界内山书店支店,十人一室,席地而卧"。如此环境,还谈什么过年。

两次在逃难中过年,鲁迅先生切身体会到内有国贼的迫害,外有敌国侵略之苦。他所承受的苦难以及对于内外敌人的仇恨确有切肤之痛。

到了一九三三年的一月二十五日,又是旧历除夕了,鲁迅先生情绪至高:"旧历除夕也,治少许肴,邀雪峰夜饭,又买花爆十余,与海婴同登屋顶燃放之,盖如此度岁,不能者已二年矣。"此刻,鲁迅先生怀有多么复杂的心情,难道他的举动仅仅是为了逗引幼子的高兴吗?我想,若是有一位风俗画家能创作一幅鲁迅父子在屋顶燃放爆竹的图画,那一定是很动人的。这足以表现鲁迅的性格。但是,如果画家不能表现出鲁迅此时内心的复杂,却也并非高手。因为鞭炮声让他联想起刚刚过去的战争烟云,鞭炮声正驱散他心中的郁闷,而远方又响起了新的炮声。

二

"一·二八"的战火暂时是停了下来。纸醉金迷的上海到处又是歌舞升平。附近人家的打牌声,惊扰得鲁迅不能安宁。在日本帝国主义侵略面前束手无策的蒋介石,这时正派遣飞机轰炸我湘、鄂、赣革命根据地。那里仍然炮声隆隆,人民正在遭难。"中华连年战争,闻枪炮多矣",让这花爆声盖过屠杀人民的炮声和醉生梦死的竹牌声吧!

第二天,即旧历正月初一,鲁迅展开洁白的宣纸,感慨殊深地写诗二首,那矛头都是针对卖国投降的蒋介石的。其中《二十二年元旦》更直接击刺了国民党的高级将领正在庐山上指挥屠杀人民:

云封高岫护将军，霆击寒村灭下民。
到底不如租界好，打牌声里又新春。

鲁迅先生哪有闲情欢度春节！

鲁迅先生经历了"一·二八"的战火，他感触万端，有很多话要说，甚至还收集了不少文字材料，准备记载这次事变。一九三二年六月五日，他在给台静农的信中说："今年春，适在火线下，目睹大戮，尤险，然竟得免，颇欲有所记叙，然而真所谓无从说起也。"这"无从说起"四个字反映了他极其沉痛和复杂的心情。六月十八日的信中又说："一·二八的事，可写的也有些，但所见的还嫌太少，所以写不写还不一定；最可恨的是所闻的多不可靠，据我所调查，大半是说谎，连寻人广告，也有自己去登，借以扬名的。"这后面的一封信道出鲁迅终于不写的原因。

鲁迅说的，战争初起他"适在火线下"，是指他当时所居的北川公寓是日本租界，日军的炮阵地就设在附近的虹口公园和虬江路一带。不仅炮声不断，子弹且已射进鲁迅住屋的书桌旁边。鲁迅还同家人站在楼房的晒台上目睹战火硝烟："我在楼上远远地眼看着这印刷所和我的锌版都烧成了灰烬……""打起来的时候，我是正在所谓火线里面，亲遇见捉去许多中国青年。捉去了就不见回来，是生是死也没人知道,……"(《集外集拾遗·今春的两种感想》)这些都是鲁迅在火线下的亲历亲闻。

鲁迅于一月三十日离寓,从三十一日到二月五日的日记失记,而且从二月六日到三月十九日归来,这些日记还是事后补记的。这前后的日记可以看成是火线下的日记了。

三

一九三一年"九一八事变"以后,蒋介石政府把我东北河山拱手捧给日本帝国主义。他越是退让,敌人越是得寸进尺。日军不断在天津、青岛、汉口、上海等地滋事寻衅。一九三二年一月十二日,日本派遣三十多艘军舰,数千名陆战队开入上海,扬言要"采取断然手段"来干涉我爱国抗日活动。一月十八日,五个日本浪人在闸北宝山路向我三友实业社棉织厂工人进行挑衅,工人弟兄怎容得侵略者在我神圣的国土上任意欺辱同胞,立即给予反击。这是一个主权国家人民应有的尊严和行动。

驻在上海的日本领事馆借机提出很多不合理的要求,并于一月二十八日发出最后通牒,否则要立即采取行动。上海政府秉承蒋介石的旨意,屈辱地接受了条件,立即封闭了上海各界抗日救国会。

消息传来，引起上海人民的愤慨。

就在当天深夜，日本舰队司令盐泽又发出一个最后通牒，命令上海驻军立即撤出闸北，由日军进驻。实际尚未等到答复，日军便向我闸北一带发动突然袭击。这天下午，身居闸北一带的鲁迅先生便已感到战争情势的紧张，他在日记上写道"附近颇纷扰"。当时驻守上海的第十九路军在全国人民抗日救国热潮的激励之下，坚决进行了抵抗，"一·二八"淞沪抗战就这样开始了。鲁迅于一月二十九日在《鲁迅日记》里记载："遇战事，终日在枪炮声中。"

狂妄的日军原来叫嚷："一旦发生战争，四小时即可了事。"十九路军的士兵却击退了敌人向闸北的五路进攻，保住了阵地。日方为了争取时间，想由英、美、法出面调停"停战"，二十九日夜间前线暂时停火。三十日整天听不见枪炮声，火线中的市民们纷纷逃出战区。鲁迅先生全家，由于日本朋友内山完造先生的帮助也正是乘这停战的间隙时间，匆匆地离开了"交叉火线"。

敌人争取了一夜和两个白天的时间，从海上开来了巡洋舰、驱逐舰，甚至有航空母舰。三十一日晚十一时，再度向我闸北防地发动猛攻。鲁迅先生虽然迁出"交叉火线"，但仍在战区，他又终日处在枪炮声中了。二月四日敌人援军又到，便向我发动总攻，战区更扩大了。二月六日，鲁迅全家只得"一无所携"地迁入英租界的内山书店支店。

四

鲁迅先生是这样记述他的逃难生活的:"此次事变,殊出意料之外,以致突陷火线中,血刃塞途,飞丸入室,真有命在旦夕之概。"(《致许寿裳》1932年2月22日)事变后,朋友们都很关心鲁迅先生的安全,报纸上又谣传鲁迅下落不明,因此各方朋友均来函相询,甚至有人登报招寻。

鲁迅感谢朋友们的关怀,这期间他给朋友们的复信中常常叙及对这次战争的见闻。比如关于十九路军落后的装备,他在六月十八日致台静农信中说:"我住在闸北时候,打来的都是中国炮弹,近的相距不过一丈余,瞄准是不能说不高明的,但不爆裂的居多,听说后来换了厉害的炮火,但那时我已经逃到英租界去了。"敌人是动真的,而我们倒马马虎虎。

激烈的战火延至三月一日,十九路军孤军作战,伤亡惨重,而国民党政府却见死不救,不予援兵,不予武器,十九路军不得不开始后撤。到了五月五日,国民党便与日本侵略者签订所谓《淞沪停战协定》,接受了日本提出的上海不准驻扎中国军队和取缔抗日运动等丧权辱国的要求。轰轰烈烈的"一·二八"抗战就这样被蒋介石出卖了。

战火稍停,鲁迅于三月十五日写信给远在北平的许寿裳说:"昨去一视旧寓,除震破五六块玻璃及有一二弹孔外,殊无所损失,……但一过四川路桥,诸店无一开张者,入北四川路,则市廛家屋,或为火焚,或为炮毁,颇荒漠,行人亦复寥寥……"这是战火带来的凄惨景象。

三月二十日夜,即鲁迅迁回旧寓的第二天,他便驰书北平,向挂怀儿孙的老母报告平安:"现男等已于十九日回寓,见寓中窗户,亦被炸弹碎片穿破四处,震碎之玻璃,有十一块之多。当时虽有友人代为照管,但究不能日夜驻守,故衣服什物,已有被窃去者,……惟男除不见了一柄洋伞之外,其余一无所失,可见书籍及破衣服,偷儿皆看不入眼也。"同日夜,又致书李秉中,以申胸中的感慨:"时危人贱,任何人在何地皆可死,我又往往适在险境,致令小友远念,感愧实不可言,但实无恙,惟卧地逾月,略感无聊耳。百姓将无死所,自在意中……此地已不闻枪炮声,故于昨遂重回旧寓,……书籍纸墨皆如故,亦可见文章之不值钱矣。"

十九路军士兵们的血流尽了,抗日人民的呼声仍响在耳边,而蒋介石正同敌人言和,把枪口掉转过来屠掠我红军根据地。鲁迅先生的心是不能平静的。"一·二八"事变给鲁迅先生留下不可磨灭的记忆,同时也损害了鲁迅先生的健康。他在给老友曹靖华的信中说:"今年正月间炮火下及逃难生活,似乎费了我精力不少,上月竟患了神经痛,右足发肿如天泡疮……"这笔账是要记下来的,究竟是谁从精神到肉体都在摧残着鲁迅先生。

五

鲁迅准备写的关于"一·二八"的作品究竟是什么样子呢?很遗憾,他没有留下更具体的说明。我猜想,很可能是一篇长篇纪实性的报告文学式的作品。它主要的篇幅也许是描绘人民群众抗日的热潮,以及个人的所见所闻。当然也会抒发所感,夹叙夹议。后来,鲁迅先生发现有些材料不过是国民党玩弄的花样,他写作的兴致没有了,改而在书信和杂文里断断续续地谴责了国民党怎样葬送了这场战争。

战争开始以后,颇有一些人民群众英勇抗击敌人的故事。这些动人的故事当然也会吸引鲁迅先生。

当时,上海总工会发出举行抗日总同盟罢工,在上海日本工厂的六七万名工人全部自动退出工厂。许多群众团体都开展抗战救亡活动。以宋庆龄、何香凝先生领导的许多战地医院很快也组织起来了。工人和青年学生纷纷到前线去服务。这时候,鲁迅先生也投入实际斗争,同茅盾、叶圣陶、胡愈之、郁达夫、周扬、夏衍等四十三人联名签署了《上海文化界告世界人民书》。宣言中呼吁全世界无产阶级和革命文化团体及作家们,援助中国被压迫民众,反对帝国主义瓜分中国的战争。最后喊出了"打倒日本帝国主义"的口号。

当时的报刊上发表了不少动人事迹。例如就在北四川路上,一个士兵冒着密集的炮火冲向日军的铁甲车,最后与敌军俱焚。一个汽车司机被敌人抓去运输军火,在经过黄浦江边时,有意冲向江心,人车俱没。这种爱国主义的牺牲精神深深地感动和鼓舞了上海人民。鲁迅先生尽管是在逃难生活中,也尽量在搜集这方面的材料。

在鲁迅博物馆保存的鲁迅先生的遗物中,有人发现了一九三二年二月二十四日出版的《慰劳画报》第一期,是上海民众反日救国会印行的。这是党领导的一个进步团体。画报的内容全是揭露国民党反动派奉行的不抵抗政策,并号召爱国的士兵同劳苦民众联合起来一致抗日。画报采取群众喜闻乐见的连环画的形式,稍嫌粗略,却是直接描绘"一·二八"战争的作品。

在一九四五年十月二十日上海出版的《周报》第七期上,周建人以"克士"的笔名发表了《鲁迅先生口中的抗日英雄》。这是一篇很重要的文献,为我们了解鲁迅拟写的"一·二八"事变,提供了可靠的线索。据周建人先生回忆,当"一·二八"战争结束不久,鲁迅先生当面向他讲述过几个抗日英雄的故事。一位是抗日组织里的一个队长,不幸被捕,押解到北四川路日本海军司令部。直到牺牲以前,他始终一言不发,表现出一股凛然正气。另一位是十九路军的下级军官,在北四川路身着便衣执行任务时被捕,酷刑威逼,昏倒七次,终于壮烈牺牲。又有一位西装青年,在北四川路日本军部与其他被捕者被执行枪决时,竟机敏地跑掉了。鲁迅先生在讲这些故事时,对这些爱国志士怀着深深的敬意。若果动笔,可能会留下他们的篇页。

此外,在逃难生活中,他还利用到饭馆和茶社去小坐的机会同歌女侍者们闲谈,从中了解人民在战火中流离的生活。事后,他以歌女在战火中的遭遇为题材写了《所闻》和《无题》两首旧体诗,从一个侧面反映了人民的苦难。

从以上几点来分析,关于"一·二八"事变,鲁迅肯定是要想写人民在战火中的奋起和爱国主义的献身精神。

但是,随着战争的深入,鲁迅发现报刊上的文字材料有些仅仅是宣传,是谎言。比如,鲁迅在《航空救国三愿》中就写到自己调查后所得的真实情况。原来说"一·二八"战争时,苏州有一队飞机来打日本,"后来别的都在中途'迷失'了,只剩下领队的洋烈士的那一架，双拳不敌四手，终于给日本飞机打落，累得他母亲从美洲路远迢迢地跑来，痛哭一场，带几个花圈而去"。事实上这完全是伪造的。那美国人原来驾驶私人飞机经过苏州，无意间被日军击落。国民党不想抗战，却用这种谎言来欺骗人民，甚至想用外国人参战来安慰自己，实在是可鄙而又可笑的。

另有一桩类似的事，鲁迅也记了下来："听说广州也有一队出发的，闺秀们还将诗词绣在小衫上，赠战士以壮行色。然而，可惜得很，好象至今没有到。"因为这消息也是伪造的。这种轻浮的抗日宣传实际是在做戏。诚如鲁迅先生所说："中国人将办事和做戏太混为一谈，而别人却很切实，"接着又说："今天《申报》的《自由谈》里，有一条《摩登式的救国青年》，其中的一段云——

密斯张，纪念国耻，特地在银楼里定打一只镌着抗日救国四个字的纹银匣子；伊是爱吃仁丹的，每逢花前，月下，……伊总在抗日救国的银匣子里，摇出几粒仁丹来，慢慢地咀嚼。在嚼，在说：'女同胞听者！休忘了九·一八和一·二八，须得抗日救国！'

这虽然不免过甚其辞，然而一·二八以前，这样一类的人们确也不少，但在一·二八那时候，器具上有着这样的文字者，想活是极难的,'抗'得轻浮,杀得切实,这事情似乎至今许多人也还是没有悟。至今为止,中国没有发表过战死的兵丁,被杀的人民的数目,则是连戏也不做了。"(《致台静农》1932年6月18日)这对国民党政府是何等深刻的揭露!

一场战争,竟如同照妖镜一样地照出了国民党反动派的本相,而人民正在遭难,正在流血。鲁迅先生本欲记叙这场战争的壮烈和英勇,现在却带着莫可奈何的心情感到"无从说起"了。他锋利的笔用来揭露蒋介石出卖民族利益的丑行,指出他们对这次上海战役,不过是可卑地在宣扬活着不如死亡,胜利不如败退。他们遮掩住自己的投降面目,却阿Q式地在叫嚷"一·二八"战争"正是中国的完全的成功"。鲁迅先生不得不沉痛地写道:"回忆里的炮声和几千里外的炮声(指日本帝国主义在华北热河挑起的侵略战争),都使我们带着无可如何的苦笑……"(《伪自由书·对于战争的祈祷》)这又是多么沉痛的苦笑!

"一·二八"战争终于过去了。一九三二年七月十一日,鲁迅写诗赠别日本友人山本初枝女士:"战云暂敛残春在,重炮清歌两寂然。"上海已经没有枪炮声了,可是国民党反动派正疯狂地对中国工农红军进行第四次围剿。蒋介石只会跟日本人做戏,对于革命人民却是切切实实地举起了屠刀。鲁迅先生心念我革命根据地军民的安危,他在楼顶上同海婴一起燃放爆竹,望着夜空中流飞的星火,一颗心早已飞向了远方。但愿那花爆变成欢呼红军胜利的礼花吧!

1981 年 7 月

徐懋庸注《阿Q正传》

鲁迅逝世的时候,徐懋庸手书挽联,献于先生的灵前。联曰:"敌乎友乎余惟自问,知我罪我公已无言。"因为两个口号的争论,徐懋庸曾经打上门去,致使一些人对他很反感,认为这挽联是并不服输的表示。其实平心而论,抛开争论的是非,挽联的内容还看不出有什么恶意。

一九三八年,徐懋庸投身延安,以革命实践回答了他并不是革命阵营中的闲人。他常常想着鲁迅先生,证据之一是他想有系统地注释鲁迅的著作,首先完成的便是《阿Q正传》。此事发端于他与许多青年同志时时讨论鲁迅的作品,"前年冬,抗大的一个同志,曾提议道:'把你对这些作品的意见,写出来发表吧。'于是我开始想到注释的办法;但那时没有决心做。今年,因为重新参加文化工作了,许多朋友,又以此相劝诱,认为对研究鲁迅的运动不为无益。那么,我就试试看吧。"(写于1943年4月1日,见《阿Q正传》的《注释者的声明》)

这本《阿Q正传》注释本,于一九四三年七月由华北书店出版。由于当时条件的艰苦,用土纸印,有黄有白,甚至夹杂有粉红和绿色的纸。一本书的纸张五颜六色,可称解放区特殊的版本,堪称珍

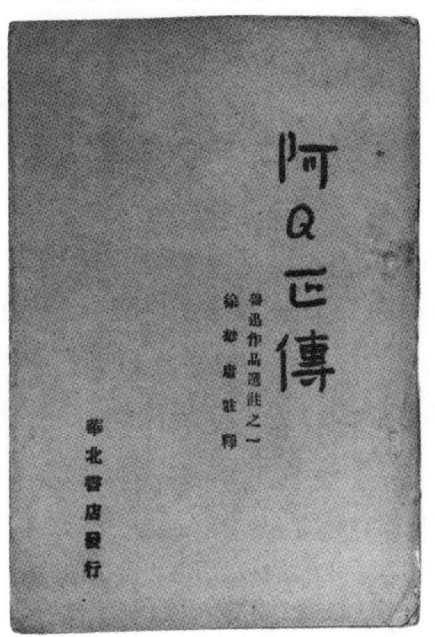

徐懋庸注《阿Q正传》。

品，这在世界出版史上也许是少见的吧。全书六十六页，共有注释四十六条，主要是题解，所以有不少论述。

徐懋庸认为阿Q尽管有缺点，还是肯定了他的"参加革命"。当然同时也指出："阿Q表现出他的封建的顽固守旧思想，反对革新，拥护旧礼教，俨然是一个'国粹'保存家；他不知道，这种思想，其实是不利于象他一类的人的，因为这只会巩固封建统治，阻碍人民的解放。但因为阿Q中了封建统治阶级的愚民思想的毒很深，所以不自觉地成了封建统治的拥护者。这说明着封建愚民思想之毒的中人之深，而中了愚民思想之毒的被压迫者是如何的可悲！"（注释第14条）这种认识现在也还是站得住脚的。

《阿Q正传》问世以来，论者纷纭，但出专集注释的，徐懋庸可算是第一家。近年又有李何林同志的注本问世。但是，徐本诞生在解放区，还紧密地结合了当时的政治形势，自有特色。如注释第十五条原文："这种不抵抗主义，这种挨打以后'倒似乎完结了一件事，反而觉得轻松些'的感觉，这种'忘却'的法宝，是存在于许多中国人的思想意识里面的。远的不说，只说自从'九一八'事变以来，中国统治阶级中间的许多人，不也是用阿Q的妙法对付了日本帝国主义的侵略和打击的么！就是抗战以来，也还有许多这样的人：敌人一来就逃跑，或者挨了敌人的打马上就轻松地忘记了痛苦，却找共产党、八路军去闹磨擦，正象阿Q的挨了'假洋鬼子'的打以后去欺侮小尼姑；而且，还时时刻刻想投降敌人。"注释联系实际，又近于杂文笔法，显然是新的尝试。当然也是针对国民党的。徐懋庸说："据我所见，鲁迅在作品中所描写的许多社会现象，现在也还是存在的；因此，我的注释中，有时常常联系到目前的现实，甚至想借鲁迅以整风，但我希望这不至于变成风马牛的胡扯。"注者的用心是完全可以理解的。

注完《阿Q正传》以后，徐懋庸还计划从《呐喊》里再选注《孔乙己》《明天》《药》；从《彷徨》里选注《祝福》《肥皂》《伤逝》《离婚》；从《故事新编》里选注《铸剑》《理水》《采薇》《出关》等。此外，他还要注释鲁迅的杂文。一九四三年九月，华北书店又出版了徐注的《理水》。至于其他计划是否都完成了，就不得而知了。

1980 年 6 月

斯诺译《祝福》

美国作家埃德加·斯诺,三十年代初在上海翻译过鲁迅先生的小说,除了《祝福》外,还有《一件小事》《孔乙己》等。翻译过程中,斯诺曾经得到了作家姚克的协助,此事鲁迅先生也知道。斯诺的译文收入他编选的《活的中国》一书,鲁迅先生为此对斯诺也有不少帮助,包括为本书的插图,特应姚克之邀一起去照相馆拍照。《活的中国》一书,还收有茅盾、巴金、柔石、沈从文等人的作品。一九八三年湖南人民出版社曾有中文译本问世。

某年偶访旧书坊,无意间发现一本汉英对照的鲁迅原著本《祝福》,译者正是斯诺。这个版本印自香港,连沈鹏年编撰的《鲁迅研究资料编目》中也不见收录,因即购下,用银五元。

本书为一九四一年五月香港齿轮编译社出版,是该社汉英对照文艺丛刊之一。半年后,珍珠港事变爆发,香港沦陷,估计齿轮编译社的活动亦即停止。书是印得严肃而精良的,封面亦不恶,但背景不详。不过在版权页上面有齿轮编译社的社训:"愿为文化界的小齿——我们的岗位;推进大时代的巨轮——我们的任务。"这一点线索,或可为研究香港现代文化史者作参考。此书当然也留下鲁迅与斯诺友谊的见证,为坊间稀见版本。

1995 年 10 月

闪光的铜板

读《鲁迅日记》,稍有忽略便不易觉察其中的意义。

一九三五年五月九日《鲁迅日记》上有这样一条记载:"以茶叶一囊交内山君,为施茶之用。"

读了这条记载,我们便可以明白,为什么鲁迅在上海的最后若干年,年年都在日记里记载买茶叶的事,而且为什么要一买就是十斤、二十斤,甚至有一次竟买了三十斤。(《鲁迅日记》1933 年 5 月 24 日)平常家居度日哪有上十斤地买茶叶的呢?

"内山君",当然是指内山书店老板内山完造先生。但是,鲁迅施茶为什么要把茶叶交给内山完造呢?

其实,这也是鲁迅与内山完造之间的一项小小的合作。

最近偶读内山完造的随笔集《活中国的姿态》,中译本名《一个日本人的中国观》,一九三六年八月由上海开明书店出版。鲁迅还为这本书写了序言,指出这本书的致命缺点是"多说中国的优点"。内山先生长住上海,自以为是个"中国通"。但是,他所见到的中国未必全面。书中有一篇《便茶》,记载了关于施茶的事。原来每年夏季,在内山书店的门前都设立一个茶桶,免费供给人力车夫和其他劳动者来饮用。内山说,在炎热的天气里,柏油马路被太阳烫得都起泡了,"半裸体的劳动者的身体上汗油直流,用出平生二倍三倍的气力来拉着,渴得连声音都发不出来"。这情形,显然是鲁迅与内山在一起见过或议论过,于是一个人供茶叶,一个人供开水,茶桶便设立起来了。"先投入一大袋的茶叶,然后渣渣地将开水倒了进去。"从此,每逢春天一到,鲁迅先生也就想到要买新茶了。

鲁迅先生一向关心城市低层劳动者——人力车夫的生活。一九二九年十一月八日,鲁迅在给章廷谦的信中说:"近日之车夫大闹,其实便是失业者大闹,其流为土匪,只差时日矣。"关于"车夫大闹"的事,近读基希的报告文学集《秘密的中国》,其中也有记载。当时新兴的交通工具有轨电车和公共汽车开始发展,人力车夫的腿怎么也赛不过它,很多人力车夫陷于无法求生的境地。一九二九年十一月,北京的人力车夫愤怒地上街把电车颠覆了,他们以为摧毁了电车便能够保住生意。结果,得到的却是反动政府的残酷镇压,有很多车夫被杀害了。据说,他们临死的时候,还激动地喊着朴素的口号:"打倒资本主义,打倒电车!团结万岁!"这次事件,给鲁迅留下了深刻的印象,所以他无限愤慨地说,车夫们流为"土匪",已经为时不远了。说车夫们流为"土匪",实际是说被逼得走投无路的人力车夫们快要起来造反了!

起初,内山完造还得意于来饮茶的那些劳动者"没有国籍相异",

意思是指人们对于日本还不抱什么歧见。后来，他却发现这些来饮茶的人力车夫对于日本并不是没有"相异"的看法。他说：

> 在我所设置的便茶的桶底，常常发现一二个铜子。起先还总以为是孩子们淘气，误抛进去的，其实是大错了。那原是为不收分文无条件地供给的便茶所拯救了的极渴的劳动者们所献，衷心之所献奉也。
>
> 这一个铜子，有时是他们被打被踢，甚至流了鲜血才换得来的。……我不能不向十万人的车夫致其感激之辞。

那些饮了便茶而又不愿承受外国人施舍的人力车夫是爱国的，即使在这些小事上也保持了劳动人民的品质和尊严。难怪连内山完造也深深地感动了。但是，掷钱于桶底的人力车夫当然不知道书店主人对于中国人民还是友好的，更不会知道这茶叶却都是一向关心他们疾苦的鲁迅先生所赠，而且还是先生专门托人从茶区买来的春茶呢！

当我再读到《鲁迅日记》里关于买茶叶的记载时，我的脑海里便联想到：鲁迅先生每逢得到新茶之后，便欣喜地提着茶叶往内山书店走去；同时也浮现出内山书店门前的那座茶桶，和茶桶底下扔着的几个铜板，那闪闪发光的铜板……

鲁迅见到了休士

一九三三年九月,上海生活书店出版的第三期《文学》月刊上,鲁迅发表了一篇《给文学社信》,这是针对当时《文学》的编者傅东华的。

原来傅东华在《文学》月刊第二期上,以伍实为笔名写了一篇《休士在中国》,攻击鲁迅在七月上旬不去见来华访问的"非名流的黑色皮肤的作家"美国黑人休士,却去欢迎英国的名流萧伯纳,还说鲁迅此举是由于什么"肤色的顾虑"。

对于这种恶意中伤,鲁迅不无感慨地说:"给我以诬蔑和侮辱,是平常之事;我也并不为奇:惯了。"

鲁迅在文章里写道:"这次招待休士,并没有接到通知,时间地点,一概不知,如何能到?即使邀而不到,也许有别种的原因,当口诛笔伐之前,似乎也须略加考察。"值得注意的是,鲁迅说"即使邀而不到,也许有别种的原因",这究竟有否所指呢?

傅东华讽刺鲁迅:"萧翁(指萧伯纳)是名流,自配我们的名流招待。"鲁迅则针锋相对地回答:"我看伍实先生其实是化名,他一定也是名流,就是招待休士,非名流也未必能够入座。"鲁迅还揭穿这位伍实先生,"我们原曾相识,见面时倒是装作十分客气的也说不定的。"在这里,鲁迅无情地揭露了上海文坛上一些蝇营狗苟的人,专门靠造谣和中伤别人来建立自己的地位。

那么鲁迅先生为什么又不去见休士呢?

其实,鲁迅是见到了休士的。所以不明说,这大概就是鲁迅所说的"也许有别种的原因"吧。如果伍实正是利用鲁迅这种有口难辩的处境,故意来攻击先生,那就更恶劣了。

应该感谢许广平,她在《鲁迅先生对批评的态度》一文中,提供了一个重要事实:鲁迅见到了休士。许广平的文章发表在一九四一年十一月上海出版的"奔流新集之一"《直入》上。许广平说,美国黑人诗人休士来华时,鲁迅虽然没有出席公开招待会,"而实在呢,在大家公开招待之前,鲁迅早已和休士先生接谈过了,不过当时的环境是未便从实说出的……"这件公案终于由她给澄清了。鉴于当时险恶的政治环境和为了顾全大局,鲁迅先生在写答辩文章时宁肯自己受委屈也不明讲,这种精神不是也十分感人吗?

鲁迅先生的心胸很宽阔,并不斤斤计较于某些旧事。后来,他对傅东华还是以朋友相待的。例如在一九三五年九月十日的《鲁迅日记》上记载:"下午傅东华待于内山书店门外,托河清(即黄源)来商延医视其子养浩病,即同赴福民医院请小山博士往诊,仍与河清送之回医院。"十三日又记载:"往福民医院问傅养浩病。"鲁迅非常关切朋友孩子的病,后来傅东华也很感动地说,他去请托鲁迅时,鲁迅"立即在烈日灼晒之下亲自步行到医院接洽一切,并且亲自陪同院中的医生远道到我家来先行诊视。进院之后,他老先生又亲自到院中探问过数次,并且时时给以医药上和看护上必要的指导。"(傅东华:《悼鲁迅先生》)傅东华对鲁迅先生的感念也很真切。

解放以后,当一九五六年鲁迅墓迁葬于虹口公园时,傅东华还写诗纪念鲁迅先生:

奋笔惟先天下忧,微君孺子怎抬头;
横眉卒扫豺狼尽,群犊争来拜乳牛。

休士在他的自传《我一边流浪一边思考》里,谈到他三十年代在上海的访问,至于是否谈到见过鲁迅,因未见到原书就不得而知了。

附记:

日本鲁迅研究家小野田耕三郎先生来信,并附来《我一边流浪一边思考》日译本的有关部分,证明休士在他的这部自传里,果然记述了他在上海访问了鲁迅先生,还有宋庆龄先生。从上海到日本后,休士还因此而受到东京警察局的拘捕和传讯。

1985 年 10 月

鲁迅与《城与年》之图

《城与年》木刻插图集,是鲁迅先生业已完成了最后的编辑工作,而终于未能付诸出版的又一部画集。

一九三六年三月二日,鲁迅先生"下午骤患气喘,即请须藤先生来诊,注射一针"。(《鲁迅日记》)自此接连几日均有记载:"须藤先生来诊。"所以鲁迅的《〈城与年〉插图本小引》后边的日期是这样写的:"一九三六年三月十日扶病记。"于此证明,这部画集是先生在大病中编成的。一九三六年,在他生命将要结束的这十个月中,鲁迅先生创造了多么惊人的劳绩啊!

三月十一日,鲁迅又给孟十还写信,寄去《城与年》原文和曹靖华为《城与年》写的"概要",请孟代为补充几条木刻插图的题句。因为"于读者更便利。自己摘了一点,有些竟弄不清楚,似乎概要里并没有"。同时还请对方"检定已摘者是否有误。倘蒙见教,则天恩高厚,存殁均感也"。这弄不清楚的几幅,主要是指二十八幅中最前面的几幅。此事一旦解决,即可按照先前印《引玉集》的旧例,寄往东京去印刷了。

《城与年》是苏联作家斐定于一九二四年写的第一部长篇小说。所谓"城",这是指作者"由德国的纽伦堡、埃朗根……写到俄国的彼得堡、莫斯科……";所谓"年",是指"从一九一四年,即第一次世界大战前夜起,一直到一九二二年,即苏联新经济政策开始止"。(曹靖华:《城与年》译后记)一九三〇年,曹靖华在苏联初读此书便深为吸引,但一直没有机会翻译它。一九三三年夏他归国前夕,特别为了帮助鲁迅先生搜集版画而访问了列宁格勒,并见到为《城与年》作木刻插图的画家亚历克舍夫。画家赠与他原版手拓的全套《城与年》插图。一九三三年冬天,曹靖华专程去上海看鲁迅,便将这些木刻亲自交给先生。

鲁迅先生得到如此珍品,将它单独加以保存,准备日后印成一本画集。一九三五年一月二十六日,鲁迅致函曹靖华,说他从捷克的一种德文报上看到亚历克舍夫去世了,想到自己手里还存有他作的《城与年》插图二十几幅,很想早点印出来。同时向老朋友提出:"但如有那小说的一篇大略,约二千字,就更好,兄不知能为一作否?"又在同年二月七日的信中,要求曹靖华同志在五月以前写好,因想在四五月间付印。

但是,曹靖华同志的这篇"概要"到这一年的暑假才写好,秋天或年底寄出,而且写了将近两万字,大大超过了鲁迅先生要求的字数。到了一九三六年八月二十七日,鲁迅在给曹靖华的信中还说,《城与年》尚未付印,主要是病体时好时坏。此后不到两个月,先生便与世长辞了。

一九四四年秋天,曹靖华在重庆重又拾起《城与年》的原著,到一九四六年秋译成全书,一九四七年九月由上海骆驼书店出版,只印了两千册。这一次,他才把鲁迅先生保存的亚历克舍夫的插图全部附入书内,并意外地发现了鲁迅手写在宣纸条上的二十八条题句。

我藏有一九四七年版的《城与年》一部,插图印制得相当精美,可惜限于当时的条件,大多数都缩小后印入文字版内,不能全部单页独印。不过能够看到鲁迅先生手书的题句还是很高兴的。看过原书以后,我以为鲁迅先生要印这部插图集,固然如他在《〈城与年〉插图本小引》中说的:"自然,和我们的文艺有一段因缘的人,我们是要纪念的!"可是,我也想到,鲁迅先生从曹靖华同志写的那份"概要"里,大约也看到这部小说的积极意义。因为在《城与年》以前,斐定小说中的人物关系多是模糊不清的,而从《城与年》的故事里,可以明显地看出作者在写人与人关系的时候,一切都归于阶级的分野了。尽管小说还带有感伤色彩,对于男主人公的最后灭亡还是抱着批判的眼光。这些,虽然鲁迅先生并未在他写的"小引"中提及,可是我们却不能不想到。

一九七二年,我致函曹靖华同志,问他关于《城与年》木刻插图集的事，诸如那份"概要"何以写了两万字等等，很快便接到他六月二十八日写的一封回信。这封信就像一篇短文，今摘录部分如下：

写《城与年》概要不容易，那部大书得重新从头到尾细读原书，作笔记，仿佛一盘散珠，要把错综繁杂的故事压缩，按年的顺序把它用线串起来。而原书结构特点，却是将"城"和"年"的倒置，独特的穿插，（这在技巧、结构上，一反平铺直叙的记流水账的手法，这样有助于紧凑、紧张的故事开展。）"概要"却不能这样照办了。因为这是给看画者的"引子"、"说明"，得按故事先后进展来叙述。这是颇吃力的。况且在白色恐怖高压下，在政治、经济生活的"夹板"中，极难挤出一点较完整的精力与时间来看原书、思索、从事工作，这只能等假期。……

人间也真有这样的不幸的巧合，把木刻集全稿准备妥当，即要付邮而尚未付邮时，连正要以此木刻集来纪念已故木刻家的鲁迅先生，也竟和被纪念的木刻家一样，与世长辞了！这是鲁迅先生最后耗尽心血的未完工作之一。

抗战末年，我在重庆译完《城与年》，拟附入上边所说插图。可是木刻家送的手拓木刻及原文插图精本，均在沦陷区的鲁迅家中，音讯隔绝,木刻家又已早故,且苏联经过希特勒的火洗,一切均属茫然。不得已,想《城与年》作者,或许能设法,即便向图书馆代借一部插图精本来复制,也是聊胜于无的。给作者写信,很快得到回信说,作者所存图书、资料,在反法西斯战火中,全荡然无存。这真是徒唤奈何了!

抗战结束了。书在沪开排。我在旧霞飞路霞飞坊广平同志家的三楼藏书室,和广平同志累得满身大汗,整整翻了一大段时间,结果,不但找得了原书插图精本,木刻家送的整套手拓木刻,而且还发现了每幅木刻均加一小纸条,上边是鲁迅先生根据我写的"概要"题的说明,这许是准备印木刻集时,用铅字排到图旁的说明吧。我把这些原板木刻及说明手迹,拍了照,这些后来都出现在《城与年》译本里。

同时也找到"概要"原稿,那本是别人代抄的,订成一本,上有鲁迅先生用红笔和墨笔批注,是指示排、校时的工作用的。这稿本现找不到了。至于封面设计,可能有,但未留意。

那么,曹靖华同志的这份两万字的《城与年》概要是否公开发表过呢?曹老回忆说,在一九四七年(或一九四八年前半年)曾经发表在当时出版的《中苏文化》杂志上。详情记不得了。曹老的认真精神给我留下很深的印象,但我始终也没有机会去查找过。不过,我倒愿意有好事者,能找到这个"概要",并鲁迅先生的"小引",以及《城与年》全图、鲁迅手书说明合印成一本小书。不管怎么说,完成鲁迅先生的未竟志愿,总是对先生的一个最好的纪念。

1981 年 12 月

鲁迅与梅斐尔德的《你的姊妹》

一

一九三〇年，鲁迅先生编好一部德国木刻家凯尔·梅斐尔德的连环木刻画集《你的姊妹》。他为这部画集设计了封面，还写好了扉页上的内容小引。可以说一切必要的编辑工作大体就绪了，然而，终于未能出版。

同年九月二十七日，鲁迅编完梅斐尔德的另一部连环木刻集，并为它写了序言，这就是一九三一年二月由鲁迅自费印刷，用三闲书屋名义出版的《士敏土之图》。

《你的姊妹》为什么没有能出版？梅斐尔德的这两部画集，究竟鲁迅先编好了哪一部，或是同时编好的？现在我们还找不到文字材料加以确证，只能根据情况做一点估断。

小说《士敏土》（现在出版的译名是《水泥》），是苏联作家革拉特珂夫于十月革命后所著的一部长篇小说。内容描绘了无产阶级在取得政权以后，正从废墟上把工厂建立起来。鲁迅曾经称誉这部小说"是新俄文学的永久的碑碣"。梅斐尔德为这部小说作了十幅连续性的木刻插图。很显然，鲁迅比较看重《士敏土之图》的，

《士敏土之图》工厂。(黑白木刻)

因为它反映的是新土地上新人的生活,更为当时的中国青年所需要。因此,很可能鲁迅先已编好了《你的姊妹》,一旦得见《士敏土之图》,他就迫不及待地把后者首先献给读者了。

这里有一个根据,一九三〇年九月十二日《鲁迅日记》记载:"得Meffert刻士敏土之图十张,诗荃寄。"从收到画件之日到二十七日编讫写序为止,这中间只有半个月的时间,这样的编辑效率是很少见的。鲁迅先生为了让木刻青年早一点看到外国的优秀作品,并从中得益,可以说是分秒必争地在忘我劳动,这种工作精神,这种急切的心情实在令人感动。

此外,还有一个根据,就在鲁迅为《士敏土之图》写的序言中,他说还见过作者另外的木刻连作《汉堡》《抚育的门徒》和《你的姊妹》。然而,鲁迅毕竟先介绍了《士敏土之图》。

二

值得高兴的是《你的姊妹》虽然未能出版,全部资料却都完好地保存下来,现在收藏在鲁迅博物馆里。

《你的姊妹》共收连续性木刻七幅。鲁迅为它设计的封面写着:

> 你的姊妹
>
> 德国 凯尔·梅斐尔德
>
> 所作木刻七幅
>
> 诗荃寄自柏林·鲁迅藏于中国
>
> 1930

所谓"诗荃寄自柏林",是指徐诗荃而言。徐诗荃当时是在德国留学的一个青年,原来是一个不相识的投稿者,后来亦在《申报》副刊《自由谈》上发表文章。鲁迅曾托他在柏林等地搜集一些德国的版画和书籍插图,作为中国木刻青年的参考和借鉴。从《鲁迅日记》上看,一九三〇年前后,徐诗荃确实为鲁迅搜集了不少书报画册及木刻。他不断把这些资料远道寄给鲁迅先生,鲁迅则不断给他汇寄书款,《鲁迅日记》上有关这方面的记载是不胜枚举的。例如,在收到《士敏土之图》之前,四月三十日记载:"收到徐诗荃在德国代买木刻二十张,价一六三马克。"六月三十日记载:"收到诗荃寄《近时版画家》一本，剪纸二张。"其中是否有梅斐尔德的《你的姊妹》，这就很难说了。

鲁迅收到这些版画之后，除了用于编选和翻印之外，还挑选出一部分公开展出。一九三三年十月十四日—十五日在上海施高塔路千爱里四十五号举办的"德俄版画展览会"，其中就有梅斐尔德的作品。

《你的姊妹》不是每幅画上都有说明文字，只是在本书的扉页上有鲁迅手书的几行小引：

"这女人是你的姊妹，
她有一个私生的孩子
而且没有工作，以后
来摆布的有我们的社会：
秩序。"

小引可能是鲁迅根据作者原写的德文译述的。看了这几行题句，便可以知道这是一部揭露资本主义残害劳动妇女的书。梅斐尔德在他的创作中，用了如此简练和富有特征的艺术概括方法，尽管不加任何文字说明，读者也完全可以看懂。这里为了叙述的方便，还是略作介绍：

第一幅木刻：一个年轻的母亲正坐在简陋的小阁楼上喂婴儿吃奶。她凄凉而孤单，怀中的孩子是个没有父亲的私生子。从狭小的窗口望出去，这环境像是一个工业城市。

第二幅木刻：这个失业的劳动妇女，为了自己和孩子的生存，正受着资本主义文明的摆布。脑满肠肥的嫖客把钱塞给贪婪的房主，而被辱的年轻母亲正疲惫而冷漠地坐在床边。

第三幅木刻：她又到闹市繁街去招徕生意。街旁还有同她一样命运的女人。远处有维护这文明秩序的警察走来，他们凶恶的眼睛正盯视着这些可怜的女人。

第四幅木刻：她被阔老带进了灯红酒绿的饭店。

第五幅木刻：资本主义制造了卖淫的现象，虚伪的法律却把无罪的年轻的母亲投进监狱。她在监狱中怎能不思念家中的孩子？

第六幅木刻：她终于被释放了。当她跑回小阁楼上的时候，迎接她的却是枯瘦如柴的婴儿的尸体。这世界上她唯一的亲人已经被饥饿夺去了生命。

第七幅木刻：资本主义秩序正在继续摧残和毁灭她的生命。她显得如此苍老，只能到更低级的小酒馆里去乞讨生活。然而，她是真正的疲倦了。她双手抓着头发，伏在桌上……是在想失去的孩子？

是在悲叹自己的命运？不，她也许什么都没想，她已经变得麻木了。

这就是梅斐尔德对他所生活的社会发出的控诉。他把深沉的同情给予正在遭受压迫的劳动人民，他还用了这么一个能够打动人们心灵的书名，让人们掩卷之后不得不发出：这就是我们的阶级姊妹！虽然它只有这么短小的篇幅，但是，却是一部令人难以忘记的书，一部发人深思的书。

鲁迅先生在得到它以后，一定会想到这样的书对于人们认识当时旧中国的现实也是很有意义的，所以他着手编好它，并准备出版。同时，鲁迅也看到了《你的姊妹》的不足之处。鲁迅认为这部作品"还隐约可以看见悲悯的心情"，这不能不说是梅斐尔德思想上的弱点。因为像《你的姊妹》这样的作品，尽管作者站在人民的立场上无情地揭露了资本主义社会，但是却没有表现被压迫妇女的希望何在。难道那位年轻的母亲就不能另外去寻找一条新的生活道路吗？

三

鲁迅先生对于梅斐尔德的评价是很高的。他说：

关于梅斐尔德的事情，我知道得极少。仅听说他在德国是一个

最革命底的画家，今年才二十七岁，而消磨在牢狱里的光阴倒有八年。（《集外集拾遗·〈梅斐尔德木刻士敏土之图〉序言》）

如果说，一九三〇年梅斐尔德是二十七岁，那么他在十九岁时就进了监狱，而且远在希特勒上台以前，他已为德国统治者所不容了。

鲁迅又说"他（指梅斐尔德）最爱刻印含有革命底内容的版画的连作"，并认为他的《士敏土之图》"气象雄伟，旧艺术家无人可以比方"。同《你的姊妹》等比较，鲁迅以为"惟这《士敏土之图》，则因背景不同，却很示人以粗豪和组织的力量"。所谓"背景不同"，当然是指作者在这两部作品里所反映的是两种根本不同的社会制度：前者是暴露资本主义的罪恶，后者是热情歌颂建设社会主义的壮丽图景。从发泄"悲悯的心情"到表现"粗豪和组织的力量"，鲁迅先生也为作者分外高兴。

但是，即使如《士敏土之图》这样难得的作品，鲁迅先生亦指出了它的不足之处：

这十幅木刻，即表现着工业的从寂灭中而复兴。由散漫而有组织，因组织而得恢复，自恢复而至盛大。也可以略见人类心理的顺

> 遂的变形，但作者似乎不很顾及两种社会底要素之在相克的斗争——意识的纠葛的形象。我想，这恐怕是因为写实底地显示心境，绘画本难于文章，而刻者生长德国，所历的环境也和作者不同的缘故吧。

这观察是很锐利的。小说原作中所描写的思想意识方面的矛盾斗争确实是激烈的，反映苏联十月革命初期人们的新旧思想的冲突和变化也是深刻的。但是，这些就不是梅斐尔德的所长和所熟悉的了。

鲁迅为了梅斐尔德的作品在中国的首次传播，特别从有限的日用开支中节省出钱来印了《士敏土之图》。可怜得很，当时却只能影印二百五十部。出版之后，鲁迅还为梅斐尔德在中国所得到的寂寞而鸣不平。一九三一年，鲁迅为《士敏土之图》写了书刊广告，谈到这部画册问世之后，"几乎尽是德日两国人所购，中国读者只二十余人。出版者极希望中国也从速购置，因售完后决不再版，而定价低廉，较原版画便宜至一百倍也"。(《三闲书屋校印书籍》，载于1931年11月三闲书屋出版的《铁流》版权页之后。) 与此同时，鲁迅又将原图缩小插入董绍明、蔡咏裳合译的小说《士敏土》中，以扩大影响。鲁迅还在原来序言的结尾加了一段话：关于作者等"最好是加上一点说明，但因为我别无所知，就只好将旧文照抄在这里"。这说明，事隔一年之久，鲁迅先生仍然没有机会知道梅斐尔德更多的事情。

一九三五年左右，鲁迅先生仍然没有忘记梅斐尔德的《你的姊妹》，还想继续出版它。他给木刻青年刘岘的信中不仅提到这件事，而且又一次评论了梅斐尔德的创作：

Meffert 除《士敏土》外，我还有七幅连续画，名《你的姊妹》，前年展览过。他的刻法，据 Kollwitz 所批评，说是很有才气，但恐为才气所害。这意思是说他太任意，离开了写实，我看这话是对的。不过气魄究竟大，所以那七幅，将来我还想翻印，等我卖出了一部分木刻集——计六十幅，名《引玉集》，已去印——之后。

可惜，当时鲁迅先生已经疾病在身，同时在经济上也未必有条件，这个计划又一次落空了。这是我们今天一想起来还感到分外遗憾的。

四

将近半个世纪以前，鲁迅先生对凯尔·梅斐尔德的情况"知道得极少"，这以后的几十年间似乎也不见有人介绍过画家的近况或有人研究过他的作品。因此人们对当年鲁迅先生介绍过的这位画家仍然茫无所知。只是在一九五〇年九月,上海出版公司重又把《士敏土之图》复印了一次,印工和装帧的质量与当年鲁迅先生手编的版本相去甚远,但总算使解放了的新中国的读者得以窥见当年鲁迅先生的心血,同时也为想一睹梅斐尔德作品的读者提供了一点便利。当时的印数也未必多,现在又已经匆匆地过去二十八年了。

然而,正是由于当年鲁迅先生的介绍,又加上梅斐尔德那不寻常的经历,每当我们翻阅他的画册,或读鲁迅写的序文时,我们一直关心和打听这位画家的下落。四十八年过去了,世界经历了如此巨大的变化,真不知他的命运到底如何。

最近,承一位远在西德的同志相告,梅斐尔德还健在。这真是个使人意外和高兴的消息。不久以前,画家刚刚度过了七十五岁的生日。目前,他住在瑞士的苏黎世,一方面在大学里教艺术课,一方面仍然执笔为瑞士的报刊作画。

凯尔·梅斐尔德,一九〇三年诞生于德国的科布伦兹市,青年时代大部分时间是在济贫院里度过的。第一次世界大战结束以后,他从济贫院里逃出来,在莱茵地区过着流浪生活,靠在水上当临时工糊口。一九二一年因参加革命斗争被军事特别法庭判处三年四个月的徒刑,囚禁在韦尔(Wehrl)监狱里。这时他只有十八岁。当年鲁迅先生听说他被关了八年就是指这次的判刑。但是，他显然没有关那么久，因为一九二四年他便在科隆学习教堂绘画，并从事创作政治漫画了。

一九二六年他到了柏林，继续学习绘画。这是他美术生涯中最重要的时期。在这里，他有机会结识了当代一些著名的画家，其中就有杰出的德国女画家凯绥·珂勒惠支。当时珂勒惠支已经年近六十，在世界画坛上享有盛誉，法国作家罗曼·罗兰曾经称她为"现代德国最伟大的诗歌"。她给了年轻的梅斐尔德不少的帮助。梅斐尔德就是在珂勒惠支等著名画家的启发和引导下，开始创作了第一批版画。他的作品有些是单幅的，但他更喜欢作连续性的木刻。如《失业的青年》《济贫教育》等作品，反映的都是他所熟悉而又深有感触的生活。

他在柏林时期曾经多次为社会民主党和共产党出版的书籍作过插画，参加了"红色小组"艺术家协会，一九二八年加入"德国革命艺术家协会"。

一九二九年，梅斐尔德到了法国巴黎，他又结识了比利时著名版画家法朗士·麦绥莱勒。当时麦绥莱勒因逃避兵役，被比利时政府判了罪，正是有家归不得，便在法国定居。而这时期又是麦绥莱勒木刻创作最旺盛的时期。两位艺术家志趣相投，一见如故，便成为艺术上互相切磋的好朋友。有人发现，他们的木刻艺术在某些方面有相近之处，这并不是偶然的。

非常有趣也很有纪念意义的是，珂勒惠支、梅斐尔德、麦绥莱勒这三位知名的版画大家都是鲁迅先生所喜爱的，又都是经鲁迅先生第一个把他们介绍给陌生的中国读者。鲁迅为麦绥莱勒编选过木刻连环画集《一个人的受难》，并作了序文；为珂勒惠支编印了《凯绥·珂勒惠支版画选集》，并作了序目。中国第一代新木刻运动的参加者，很少有人未从这三位版画家那里吸取过营养的。中国的美术青年和广大读者所以能够较早地熟悉了这三位外国版画家，并得以欣赏他们风格各异的版画艺术，这功劳应该属于伟大的鲁迅先生。

从一九三二年到一九三五年，梅斐尔德先后在巴塞尔、苏黎世和日内瓦工作，主要从事漫画、插画和宣传画的创作活动，很多作品都配合了当时欧洲人民的反法西斯运动。他为《巴塞尔前进报》作画时，甚至直接在铅版上刻制，这情景是很动人的。梅斐尔德在德国法西斯的迫害下，亦是有国归不得，他只能在瑞士秘密地工作。为了避免引起瑞士警察当局的注意，在一九三三年改名为克利门特·莫罗。

一九三三年春，他一度回到柏林，后来又不得不重返巴塞尔。

这时秘密警察到处搜捕他，使他无地容身。一九三五年他被迫离开了瑞士，侨居在阿根廷布宜诺斯艾利斯附近的一个不被人注意的小地方。

尽管在这样艰苦的流亡生活中，他并没有停笔，不断在德国侨民报纸《阿根廷日报》上发表反对纳粹的漫画。这时期，他最重要的连环版画有辛辣讽刺希特勒的《我的奋斗》和《人类的喜剧》等。在他的作品里，总是不能忘怀普通的犹太人，以及进步的知识分子和共产党人在纳粹德国统治下的命运。

梅斐尔德在阿根廷居住期间，又把同情给予被阿根廷庄园主残酷压迫的印第安农业工人。他深入到印第安人当中去，怀着深刻的同情描绘了他们的贫困生活，这自然引起了阿根廷当局的不满，终于在一九五〇年强迫他迁居到乌拉圭。一九六二年，他重又回到了瑞士。

这就是我们现在所能知道的关于梅斐尔德的主要经历了。今年四月，西德造型艺术新协会和瑞士克劳茨堡艺术局联合在西柏林举办过梅斐尔德作品展览会。据说展览会的规模不小，不知老人是否亲临了会场。

将近半个世纪了，我们重又谈起梅斐尔德，重又想到当年鲁迅先生总想把《你的姊妹》印出来的未了的心愿。这只有在清除了"四害"以后，我们才能放怀畅谈，因为"四人帮"的文化专制主义是不准人们谈外国作家和外国作品的。正因为这样，我们也就更加怀念一生辛劳地为我们输送了多少优秀的外国文化的鲁迅先生啊。

1978 年 5 月

图书在版编目 (CIP) 数据

常读鲁迅 / 姜德明著 . —北京 : 人民日报出版社 , 2018.3
ISBN 978-7-5115-5335-5

Ⅰ.①常… Ⅱ.①姜… Ⅲ.①鲁迅研究 Ⅳ.① I210

中国版本图书馆 CIP 数据核字 (2018) 第 035881 号

书　　名：	常读鲁迅
作　　者：	姜德明

出 版 人：	董　伟
责任编辑：	宋　娜　谢广灼

出版发行：	人民日报出版社
社　　址：	北京金台西路 2 号
邮政编码：	100733
发行热线：	（010）65369509　65369527　65369846　65363528
邮购热线：	（010）65369530　65363527
编辑热线：	（010）65369533
网　　址：	www.peopledailypress.com
经　　销：	新华书店
印　　刷：	北京中科印刷有限公司

开　　本：	880 × 1230mm　　1/32
字　　数：	150 千字
印　　张：	9
印　　次：	2018 年 4 月第 1 版　2018 年 4 月第 1 次印刷

书　　号：	ISBN 978-7-5115-5335-5
定　　价：	42.00 元